2011.3.11　14：46

日本宮城縣外海發生芮氏規模9.0強震

人類地震觀測史上規模第四大強震

日本有觀測紀錄以來規模最大地震

日本政府命名爲「東日本大震災」

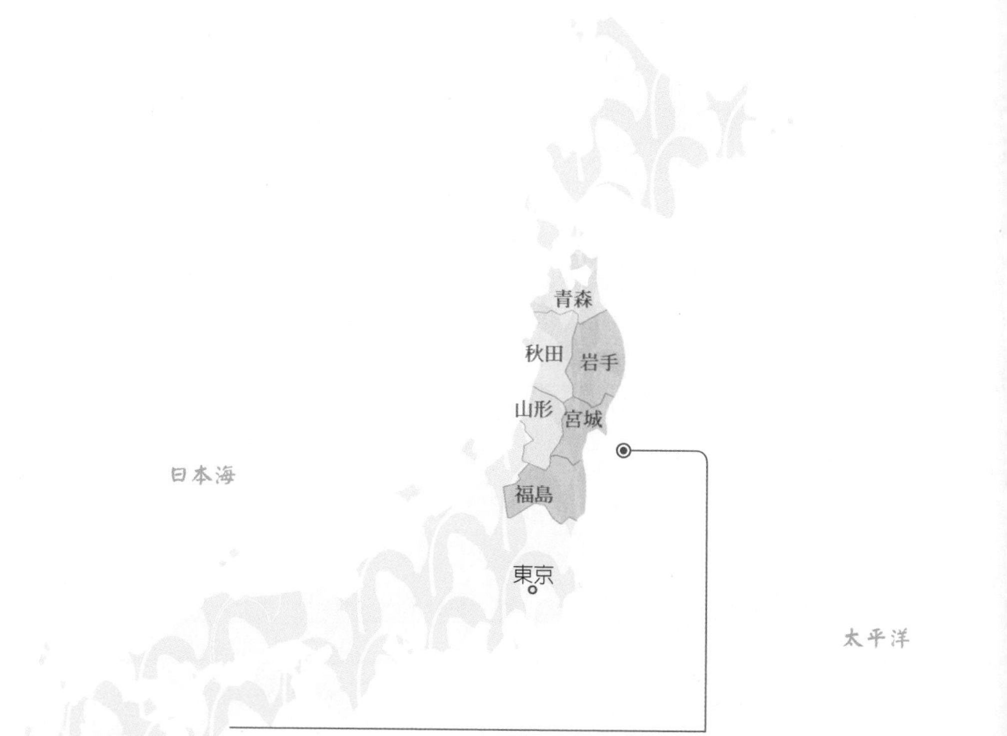

平成23年（西元2011年）日本東北地方太平洋近海地震

時間：3月11日14時46分23秒

震源：東北地方三陸海域，宮城縣牡鹿半島東南東方約130公里處（北緯38.1度、東經142.9度）

地震規模：芮氏規模9.0，深度24.4公里

災情：

- 強震引發最高40.5公尺海嘯，重創太平洋沿岸的宮城、岩手、福島三縣
- 宮城縣氣仙沼市油槽倒塌，全市陷入一片火海
- 福島縣第一核能發電廠輻射外洩，造成繼1986年烏克蘭車諾比之後全球最大核能事故
- 強震、海嘯、大火、核災同時發生。「複合式災難」造成15,854人罹難、3,155人失蹤，26,992人受傷，是日本近六十年來傷亡最慘重的自然災害
- 房屋全毀129,107戶、半毀254,139戶，超過38萬人被安置在臨時避難所
- 強震也造成地球軸心偏移、日本本州島往東位移2.4公尺

「世界超級強震」示意圖

中國
日本
芮氏9.0
日本東北地方太平洋近海地震
2011年3月11日
臺灣
太平洋
印度洋
印尼
芮氏9.0
印尼蘇門答臘島大地震
2004年12月26日

芮氏9.2
阿拉斯加大地震
1964年3月27日
美國
大西洋
芮氏9.1
阿留申群島地震
1957年3月9日
太平洋
智利
芮氏9.5
智利大地震
1960年5月22日

推薦序

貼近受災者才能描寫出的眞實感

撰文／東京碎片（uedada）

有不少日本媒體報導過，臺灣對日本三一一災區的捐款額達到世界最多；可是，只有很少媒體提到，一群臺灣人為三一一災區做了進一步深入的志工活動。

臺灣佛教慈濟基金會——這個在日本鮮爲人知的團體，災後陸續有四千多名志工，帶著各國募集的捐款以及物資，自費自假訪問日本東北三縣災區，親手將臺灣及全球的愛心送至受災民眾手中；並且這項行動長達九個月。可是很遺憾的，這個事實還不爲一般日本人所知。

老實說，我也是看了這本書才得知臺灣慈濟基金會爲日本災區做到的支援活動，感到非常內疚。雖爲時已晚，我還是要向慈濟人衷心致謝。

當然，日本國內也募集到相當多的捐款。可是根據報導，分配方式過分拘泥於公平，使得有關業務曠日廢時，結果嚴重耽誤了實際支付。

不僅僅是捐款一事，復興計畫、處理瓦礫、支援企業都遲遲未行，各項工作難以順利進展。

我天天聽到這種話，已經聽膩了；另一方面，也內疚地想：「自己也沒有做到什麼有益的事情。」而在本書中提到的慈濟，他們的態度和行動，很像對日本說：「有說三道四的工夫，怎麼不去多幫助一個人？」讓我深爲敬佩。

我覺得，日本社會救援弱者的機能不太高。雖然有不少個人對弱者懷有愛心，但一旦聚成群體，這些愛心很難反映到實際行動；光是「加油」、「絆」這些口號盛行，而發揮不了推動社會的力量。日本也應該儘快建立更有現實性的應急救人機制，蓄積經驗。

我寫得有點離譜了，要把話題換到書的內容。

我想，本書對受災民眾的描寫非常出色。我雖懂一些中文，但還是一個住在日本的日本人；這本書也畢竟是「透過老外的眼光看到、用老外的語言寫到」的災區報告。

可是，這本書當中提到的受災民眾對話、表達感情、行動的樣子都很生動、很具眞實感，讓我覺得就像看見他們的神情、聽見他們的聲音一樣。

這一年，我透過電視看過不少三一一受災民眾的報導和紀實節目，但這些大多過於強調受災民眾一個屬性，就是「被迫身在異常情境的特殊人群」。

其實，這些情況是不得已的，因爲這些節目的企畫通常包括「要展開對政府和行政方面的批評，並激發觀眾問題意識」的意圖。所以，它們的內容也往往會偏於注目受災民眾的困境，和圍繞受災民眾的種種不合理條件。

而本書是由外國人製作的，並且與政治無關，自然不含批評日本政府和行政的意圖。但，我也不認爲此書只不過是一份慈善團體的活動報告。

我透過本書推測到，在本書介紹不少受災民眾的葉文鶯女士，不僅僅是採訪受災民眾，自己也參與志工活動，幾天間與每個採訪對象一起行動，期間與他們交換了很多對話；加上與他們的朋友、親戚見面談話，也採訪他們的生活。

這樣精心周密、貼近對方的採訪方式，就給受災民眾的人物形象加上眞實感和親近感；讓讀者重新想起，災區並不是什麼特殊地域，而是有跟你一樣的老百姓，天天維持生活的另一個地方。

我冒昧地推測，這一態度是來自慈濟基金會所有活動的基本思想——「要幫助身在困境的人，喊再多口號、概念也沒用，最重要的是提供實體援助」、「可是其背景一定要有與對方的心情交流」——我猜想，慈濟在多年的活動裏培養了這樣的志工理念，又依靠每位成員堅固的意志和領導人的統御力，把理念變成實際行動。

這些年來，日本有愈來愈多的人關心社會貢獻，也在三一一後開始關心志工活動。可是這些熱潮還擺脫不了「流行」的地步。我還沒聽說過，日本哪些志工團體如慈濟那樣具有堅實的組織、方法論和持續性。

現在有不少人士提出警告，日本已經進入地震活躍期。還有，氣候變動所引起的種種天災屢次發生，今後也一定會出現不少所謂的「受災民眾」；加上現代社會的弊病會使很多民眾陷入苦境……總之，今後日本大概有愈來愈多的人在物質、精神兩方面需要別人的幫助。

我不知道，像慈濟那樣基於宗教的救人機制會不會符合日本社會；可是，慈濟爲三一一受災民眾的支援作法，必定包含很多值得日本學習的。何況，臺灣是日本最重要的鄰人之一，日本人應該認識到臺灣更多事情，當然包括慈濟在內。

（本文作者為日本人，在東京從事廣告工作，擅長透過廣告文案觀察社會脈動和居民心情；著有《日本創意文案》、《絆——後311日本社會關鍵詞》等書）

序

絆 生生世世

撰文／張秀民（日本慈濟分會執行長）

我來日本超過三十年、參加慈濟二十年，從沒想到日本會發生這樣大的災難，讓人深切體會到：無常先到還是明天先來？沒人可以掌握。

二〇一一年三月十一日下午兩點多，我們正在東京新宿的會所籌備幾天後的營隊，突然一陣搖晃且持續不停，大家很震驚，知道正經歷一場極大的地震；當電視上出現大海嘯，將東北沿岸的車子一輛輛沖走，那如同電影「明天過後」的情節，活生生展現在我面前時，更明白爲什麼證嚴上人要我們「虔誠祈禱大懺悔，募心募款誠齋戒」。

下午四點多，上人透過視訊關懷我們的安危，並叮嚀日後勘災、賑災時要注意安全；給我很大的依靠及力量。

那幾日餘震不斷，還有幾起震度很大；但我們沒有時間緊張，不斷找尋可以付出的管道。許多志工自動趕來會所待命，不眠不休，令人感動；而持續不斷來自上人與全球慈濟人的關心，更教我淚不能止。

由於福島發生核災，臺灣親友一直問：要不要回臺？什麼時候回臺？我根本沒想到「回臺」兩個字，想到的都是如何對東北受災民眾盡一分心力？如何去膚慰受傷的土地？

我也輕聲問女兒：「你想離開日本嗎？」

「媽，如果日本已經污染了，那又能到什麼地方去？我不會離開日本的。」女兒如此回答。

有哪個地方是眞正安全的嗎？答案沒人知曉。

住在關東地區已三十一年，我一直對日本人的整潔與守法精神印象深刻；但也感到他們非常客氣，雖在微笑卻感受不到熱情與眞心，也覺得很難交心。

但這次大地震後，大家相互關懷，還有人到百貨公司買東西送到自衛隊，拜託他們轉到災區民眾手中。這讓我很震撼——原來冷靜的外表下，有這麼一顆炙熱的心。

交通便捷可說是全世界第一的東京，此次地震幾乎癱瘓。然而電車停擺，大家仍井然有序地走路上、下班；少許電車恢復時，有秩序地排隊等候。在災區，每人分配一瓶水就是一瓶水，手機僅允許充電十分鐘就是十分鐘，沒有人抱怨。

自制與刻苦，冷靜與韌力，這就是日本的實力；儘管災情如此慘重，我深信以這分面對危機的態度，一定能很快再站起來。

一碗熱食，百分百的愛

日本是個福利國家，政府很有危機意識，對各種災害處理也訂有縝密的標準作業流程；但這次災難實在太大了，不能只靠政府的力量。所以儘管外國慈善組織要在日本賑災有重重困難，慈濟人想的不是「能不能做？」也不會擔心「做得了嗎？」而是如何「突破萬難去做」；把握每一個機會，使命必達。

沒想到災後第五天，我們能進入災區煮熱食。三月十六日，我們從東京出發到北邊一百三十公里的茨城縣大洗町煮熱食。一碗熱食，包含的是——幸運得到通行證及燃料，是香積菩薩一夜無眠的準備，女人變超人地挑水、扛工具。

災後，居民大多吃飯糰或乾糧，當他們聽到慈濟將供應咖哩飯和味噌湯，都露出了歡喜的表情。一碗熱湯，對他們來說應該期待很久了，海風驚人、氣溫不到攝氏十度，但排隊的居民沒有一絲不耐。

感人的鏡頭是——風雨中，當我們帶動「祈禱」歌唱時，分不清他們臉上布滿的是雨水還是淚水。一位女士說：「雖然不懂歌詞意涵，但旋律很好聽，讓我想流淚……」

慰問居民時，他們都說自己還好，雖受海嘯侵襲但家人平安，房屋進水如今已退去留下泥沙，電力恢復，只是沒水沒瓦斯。「想到東北的宮城、岩手，犧牲了那麼多人，就很難過……」說著說著，一些主婦不停地淌淚。

大洗高中因爲交通中斷而停課，十多位高一學生主動來幫忙搬運物資，並且連續兩天協助慈濟發放，以當志工爲榮。也碰到幾位日本僧侶，他們是日本佛教青年會的會員，災後立刻由全國各地趕到災區，希望能讓受傷的心靈得到安慰，也想改變日本一般人認爲佛教只是在爲人辦喪事的印象。

一位婦人拉著我的手，用中文說「我愛你」。那一刻，我們感受到滿滿愛的歡喜——一碗熱食，百分百的愛。

真心付出，換來信任

日本人不輕易接受別人幫助，何況是不認識的人，所以一開始要取得他們的信任、讓我們到避難所發放，是很困難的，大部分都回應「不需要」，表示他們有足夠的毛毯和物資。直到一間避難所開了門，慈濟人進去彎腰告訴大家：「對不起，我們來晚了！」親手爲老人家披上溫暖的披肩，老人家當下哭了；他們才感受到慈濟人眞誠付出的心。

慈濟能進入東北重災區發放，關鍵人物是岩手縣前議員三浦陽子。災後新幹線停駛，她連夜搭巴士來到東京慈濟會所，爲受災鄉親求援。得知慈濟「親自發放」的原則，需要物資放置點以及可供十八位志工住宿的地方，她馬上拿起手機聯絡。由於陸前高田市建築物大多毀損，找不到旅館，學校體育館也用作避難所，三浦陽子不放棄，甚至聯絡自己朋友家；最後，終於找到松原苑洗腎中心的地下室。

三月二十二日，三浦陽子帶來了物資可以進入災區的好消息，促成慈濟三月二十五日至二十七日在重災區岩手縣大船渡市、陸前高田市十三處避難所，展開第一梯次物資發放，嘉惠超過六千人。

三浦陽子的臉滿布風霜，但是眼睛明亮，讓人感受到溫暖，那一天她爲縣民所展現的魄力，讓我感佩，也爲慈濟打通進入東北災區之路。十月二十四日慈濟在宮城縣名取市的第七梯次發放，卸下議員職務的三浦陽子更加入志工行列，爲受災鄉親服務。

離家千里，徬徨淚流

大地震引發福島核電廠輻射洩漏事故，周邊人家被迫撤離。其中，福島雙葉町一千兩百餘位町民，被遷移到離家鄉一千公里遠的埼玉縣騎西高校。四月二十七日，我們帶著毛毯、披肩、堅果、湯包以及環保餐具，來關懷在此避難的人。

一般人要進入避難所跟居民親近，並不是容易的事情；當我們獲准扛著物資進入時，不少居民見狀一起接力搬運；聽到志工恭讀證嚴上人的慰問信，有些原本躺臥的老爺爺竟起身端坐靜靜聆聽，還有人流下眼淚。

讓我不捨的是，有位小姐傾訴著，以前人生有目標，知曉面前有多少可以期待的事，也看到自己攢積了十萬、百萬的金錢；但此刻什麼都沒有了，眼前只有一個空洞洞的「零」……我們安慰她：「全球慈濟人都在為你們祈禱，你並不孤單！」

六月二十日再次到騎西高校關懷，沒遇到那位小姐，卻有機會認識三位主婦，問她們有沒有困擾的事？她們回答，三個月來共同生活，大家已像一家人；「最大的困擾是捐贈的衣服都太小了，我們的身材穿不下！」緊接著是一陣爽朗的笑聲。儘管離家千里、棲居避難所三個月了，她們豁達得讓人印象深刻。

町長告訴我，大家最大的期待，還是回到故鄉福島；但現實狀況是，輻射危機沒有解除，沒辦法回去……冷靜沈著的町長說到這裏，悄然淌下淚水。

「你們為什麼這麼溫柔？」

災後三個月，慈濟在東北重災區陸續展開大規模「住宅被害見舞金（慰問金）」發放。六月八日清晨，一百零九位慈濟志工從東京出發，抵達岩手縣北上市車站附近的旅社，準備第一梯次發放工作。

日本歌謠〈北上夜曲〉，描述北上河原那潺潺流水，訴說著主人翁初戀的風景。對於東北受災鄉親，我們此行滿載全球慈濟人的愛心而來，有著比「初戀」更深的愛與關懷——有美洲來的千羽紙鶴、歐洲寄到的祝福卡、臺灣小學生純眞的畫，以及最重要的見舞金。

在岩手縣釜石市首次致贈見舞金時，牽著受災民眾的手，我們感覺像是家人的手，三個月來他們受苦了。日本民族自尊心強，志工都有默契不說「加油」了，因爲他們已經苦撐了三個月；我們講「元氣」，請他們多保重。

一位身著橘黃色制服的救災人員，專程來領見舞金又趕回去重整災害現場。他的家園全毀，他的汗水和淚水令我們明白，我們給的不多，但愛的力量夠大。

連續四天發放過程中，發生幾件感人故事，令人笑中有淚。志工們看到兩位老人家，排隊時相互凝視、又看著彼此的名字，然後喊了一聲、抱在一起。原來，中學之後他們就沒見過面，因來領取見舞金而相遇，這是五十年後的重逢！

五十年，半世紀的奇妙相遇。問他們第二次世界大戰跟海嘯，哪樣可怕？他們說，戰爭還有機會逃到山上，海嘯卻是生死一瞬間；本來想人生到這歲數沒啥希望了，可是臺灣遙遠送愛來，他們要保持健康活著，一起到臺灣感恩證嚴上人和慈濟人。

另一個感人鏡頭是，婆媳兩人領完見舞金後，媳婦一直哭。志工上前安慰，婆婆說，海嘯來時媳婦緊抓她的手往山上走，她謝謝媳婦救她一命。媳婦含淚說，她感恩兩人都平安，才能和婆婆一起來領慰問金。看著她扶婆婆離去的背影，實在很美。

另一位婆婆告訴我，她一個人住，大水沖走一切，連丈夫的骨灰都沒了！目前住在組合屋，身上穿的是妹妹給的衣服，慈濟這筆現金對她有非常大的幫助，她會好好運用；接著她含淚問我：「你們爲什麼能這麼溫柔？」

另一位八十歲的阿公說，也許有些來領慰問金的人會以爲理所當然，但他知道，日本曾經統治臺灣、侵略中國，「你們卻還能如此關心我們、來發慰問金；這三萬圓對我來說，比三百萬更有價值！」

還有位退休老師和田乙子，聽到慈濟「竹筒歲月」的歷史和精神，立刻表示要響應。志工就地取材趕製了一個竹筒，她投下千圓鈔又覺不夠，再投入五百圓；接著還穿上慈濟志工背心，大聲呼喚來領見舞金的釜石鄉親們一同響應。

六月十一日下午兩點四十六分，災難滿三個月，志工與現場民眾全體默禱一分鐘，接著邀請大家一起唱日文版的「祈禱」，鄉親禁不住淚眼滂沱。我默默祝福大家——這三個月來，你們很努力，請不要哭泣；災難會過去的，慈濟的愛將延續。

連繫愛的「小原木章魚」

七月底，在宮城縣氣仙沼市致贈見舞金時，婦人千葉芳江寫完祈願卡後，帶我們探訪她居住的避難所。沿路野百合花靜靜地在山坡兩旁，展現強韌的生命力，繡球花也爭奇鬥豔地在原野中飄搖。

進入小原木中學校的避難所，災後四個多月了，在偌大的避難所裏，大家眞的變成一家人！也許起先有諸多生活上的不方便，像是沒有隱私的尷尬；然而大家卻在相互取暖的過程裏，找到了心手相連的方法，那就是——接力完成線球娃娃。

一個又一個榻榻米上，隨處可見線球娃娃、線球、鈕釦等。原來，有位德國善心人士，將回收的毛球、鈕釦，拿來給他們做成章魚娃娃，紓解避難心情的同時，也能賺取生活費。

慈濟志工爲了鼓勵他們，表示要買下這些線球娃娃。沒想到千葉芳江鄰床的星立即說：「送給你們！」她眞誠地表示，提供材料的德國人會買回這些線球娃娃。

「這些娃娃都是小章魚模樣，是否代表幸運？」

千葉芳江笑著回答我：「我們也不知道是否代表幸運？但爲了紀念在此地所做，特別將它取名爲『小原木章魚』。」

星補充說：「我們是分工合作的，男士也有協助喔！他們的力氣大，負責編織章魚腳；有的人縫脖子，我則是將毛線梳好；芳江的眼光好，負責把鈕釦縫上。」

你梳毛線、我編織腳、她縫脖子、他配鈕釦，一條條不同表情的章魚娃娃就這樣完工了。失去家、失去親人的一群人，在避難所找到一雙雙可以取暖、可以緊握的手。

告辭的時候，他們依依不捨地一再感恩慈濟的見舞金。其實，我們的心也被「見舞」了——原來，人與人之間可以如此溫柔敦厚地相處。

臨別回首，我依然看見野百合花綻放最美的笑容，堅定地、熱情地凝視著我們。

因為愛，所以活下來

第三次見舞金發放開始，我們製作了祈福卡。

祈福卡上有慈濟歌曲〈祈禱〉、〈愛與關懷〉日文歌詞，以及證嚴上人法語，還有空白處讓民眾祈福、發願；有意願的人也可留下住址及電話，讓志工日後可以聯繫互動。此舉也促成後來順利舉辦茶會和歲末祝福。

大部分人都會寫下感謝的心意，也有人發願素食、戒菸。佐佐木直子含著淚將祝福卡交給志工，上面寫著：「人人都是相互牽絆著，因爲有愛，所以活下來。我們根本沒見過面，但你們因爲我們而來，眞的很感謝！今日所接受的，來日我一定回報給受苦的人。人能夠活著，就是很美好的事！」

然而，十二月初到福島相馬市進行最後一梯次見舞金發放時，卻讓人很心疼——許多居民說，現在大家都沒工作，就算種植或捕魚，外縣市也不敢買……

核輻射的陰霾仍籠罩每一個人的心，福島居民對未來充滿惶恐。面對這般情景，我頓時無言，不知如何安慰他們？

截至目前爲止，慈濟在東北的岩手、宮城、福島三縣重災區，總計致贈九萬六千九百六十四戶「住宅被害見舞金」。賑災期間，我常常想，全球三十九個國家慈濟人在雨中募款、在雪中呼喚、頂著烈日募愛心，我們代表他們到東北送愛，只有恭敬心是不夠的，一定要有「使命感」；承擔著全球慈濟人的託負，責任很重，但我們心無畏懼——上人每天的開示，給我們很大穩定的力量，而且全球慈濟人都在作我們的後盾。

從見舞金封套的設計、改了又改的上人慰問函，到發放時九十度鞠躬；慈濟人的用心，鄉親感受到了！因此，可以看到他們聆聽慰問信時流下眼淚；一聲又一聲說著「你們怎麼這樣恭敬」、「你們跟別的團體不同」……更有人因此加入志工行列。

讓我忘不了的是——一位鄉親隨著音樂唱〈愛與關懷〉時不停掉淚，志工趨前關心，她告訴我們，災後好幾天都泡在水中，身上僅穿著一件風衣，可怕的海嘯至今仍深深印在她的腦海；但是在這樣的時空下，唱如此感人的歌曲，她只想流淚、宣洩心中悲傷。看著上人慰問信時，她頻頻點頭說：「證嚴法師的關心眞是一帖良藥，醫治了我的悲傷。」

長達半年的時間，和東北許多受災鄉親結下善緣，因此我們在十二月中旬，重回災區進行四場「復興祈福會」。

致贈福慧紅包的時候，有鄉親握住我的手，眼淚在眼眶打轉；他們捨不得放手，而我不得不放下，因必須祝福下一位。淚眼中，好像看見那個字——絆，在眼前揮之不去。

絆，對親人而言，是相依爲命；對朋友而言，是心相契而形相依；對眾人而言，是命運共同體，心手相連。

絆，在我們與東北家人之間，也在所有志工之間，生生世世。

目錄

推薦序　貼近受災者才能描寫出的真實感　東京碎片（uedada）　006

【上卷】

序　絆　生生世世　張秀民　012

心碎海岸線

踏上嗚咽大地　李委煌　046

避難生活　把元氣找回來　李委煌　062

思念　沈入大海的家園　凃心怡　074

化作千風　愛永在　林玲悧　090

傾聽十萬個傷心故事

奉上「災害御見舞」　李委煌、凃心怡　108

【岩手縣陸前高田市】

期待杜鵑盛開　張晶玫　120

【岩手縣釜石市、陸前高田市】

展開不可能任務　李委煌　134

【岩手縣大槌町、山田町】
鄉親們 Ganbaro! 陳怡伶、許麗香、林美雲、陳秀玲 148
【宮城縣氣仙沼市】
心心相惜 胡青青 162
【岩手縣大船渡市、宮城縣南三陸町】
愛，讓世界更美 高芳英 176
【宮城縣東松島市】
破涕為笑的神奇力量 陳秀雲、林瑋馨、魏淑貞 188
【宮城縣石巻市】
恩返し 林玲悧、陳靜慧 198
復興祈福 用愛祝福 許麗香、陳靜慧 216
真誠鼓勵 讓我們勇氣倍增 受災鄉親來信 226

元氣，來自有愛

朝顏柔情——日本慈濟分會娘子軍 凃心怡 244
願能貢獻更多——陳量達 葉文鶯 268

看見樂觀與勇氣　陳雅琴口述／葉文鶯採訪　280
無法背負　卻能陪伴　黃素梅口述／葉文鶯採訪　288
謙遜柔韌　打開賑災路　陳植英口述／葉文鶯採訪　298
持續心靈充電　謝玉潔　303
堅強如鑽　鄭心怡　308
不再只是過客　梁庭暟　320
在付出中學到的事　長堀克哉口述／葉文鶯採訪　324
全球集福　爲日本祝福　人文真善美志工　328
溫柔深耕二十一年──日本慈濟分會　凃心怡　344

附錄

「東日本大震災」慈濟賑災大事紀　362
「東日本大震災」慈濟援助項目統計　369
日本慈濟志業大事紀　370

【下卷】

序　雪花飄落　櫻花綻放的春天就不遠了　許麗香　382

比海浪勇敢的人

海嘯歷險記　葉文鶯　422
搭上雨夜的東北巴士　葉文鶯　446
僧侶也有煩惱　葉文鶯　454
珍惜「平凡」的日子　葉文鶯　468
在災地種上幸福　葉文鶯　488
美麗重生　葉文鶯　502
穿越四十五號公路　葉文鶯　526

懷著希望走下去

三一一櫻花線　凃心怡　558
最幸福的事　凃心怡　586
福島人「核」去何從　凃心怡　596
雙葉町人的故鄉夢　慈皎、林家慧　610

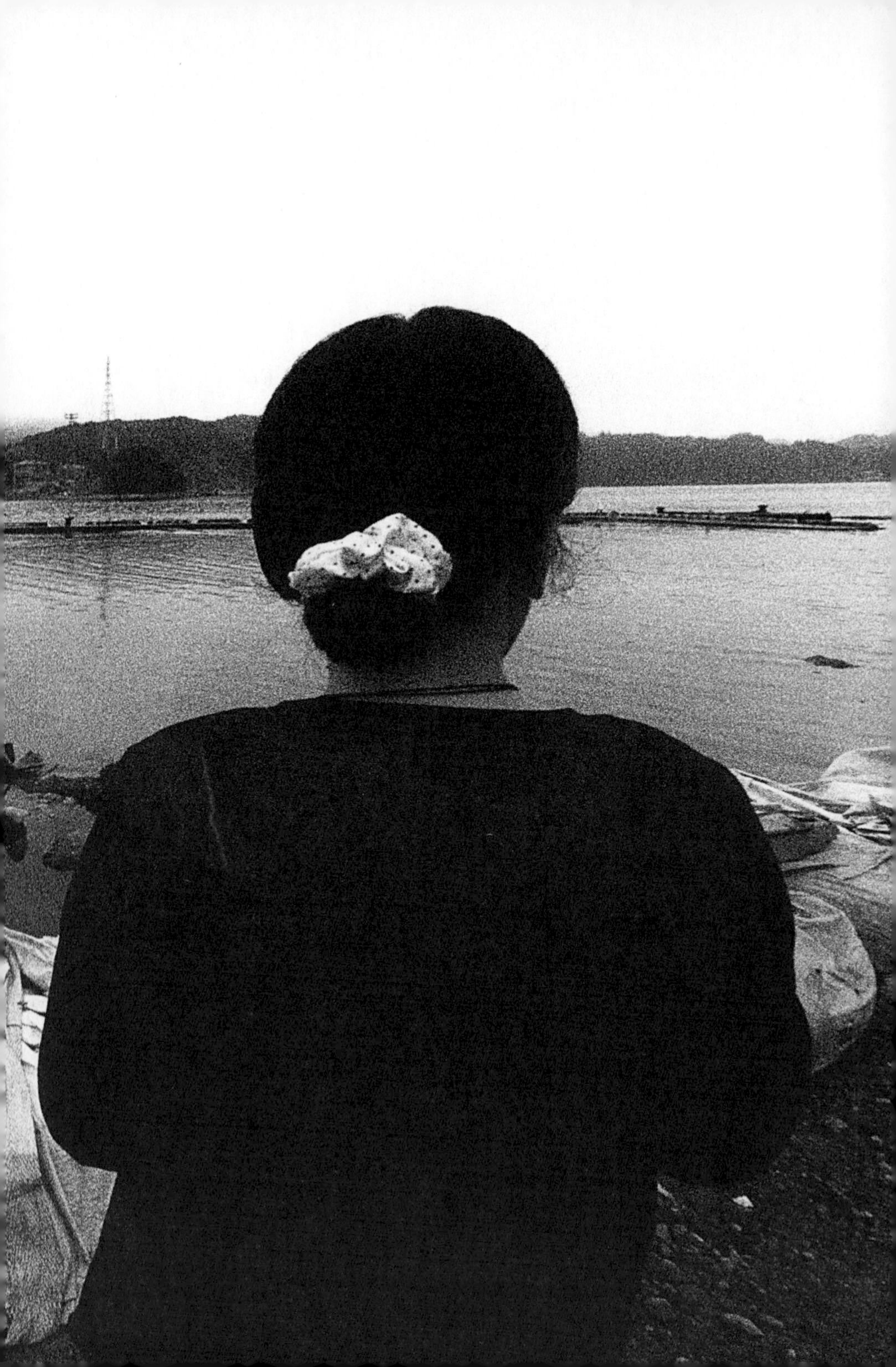

攝影／蕭耀華

rJapan
大丈夫！
早くみんなに
本当の笑顔を
Go!

攝影／蕭耀華

攝影／蕭耀華

攝影／蕭耀華

攝影／蕭耀華

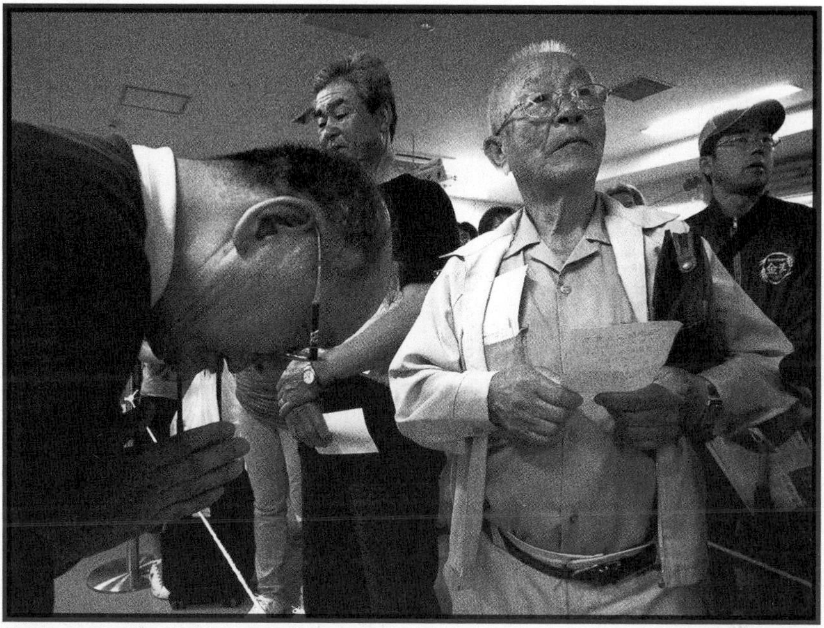

攝影／蕭耀華

大島の人達と一緒に
帰ってきて
母より
お母さんは無
開発センターにい
介護できる人がい
早く帰て来てください
連絡ください。
弁天町2丁目9-35
小野寺康雄(88才) は
アツコ(84才)
現在、仙台市青葉区高松3-5-2
イトーピア東照宮304 オノデラ ユキオ宅
に避難しています。
連絡先 022-273-5330
090-4552-0332
大島 長
水上
オノデラ
オノデラ キ
川口町
ハタケヤマ トシ
畠山敏忠
ハタケヤマ ジンコ
畠山仁子・チヨ子
市立病院(チヨ子) 又は
旧住所
連絡ください
福井県あわら市
川端利男

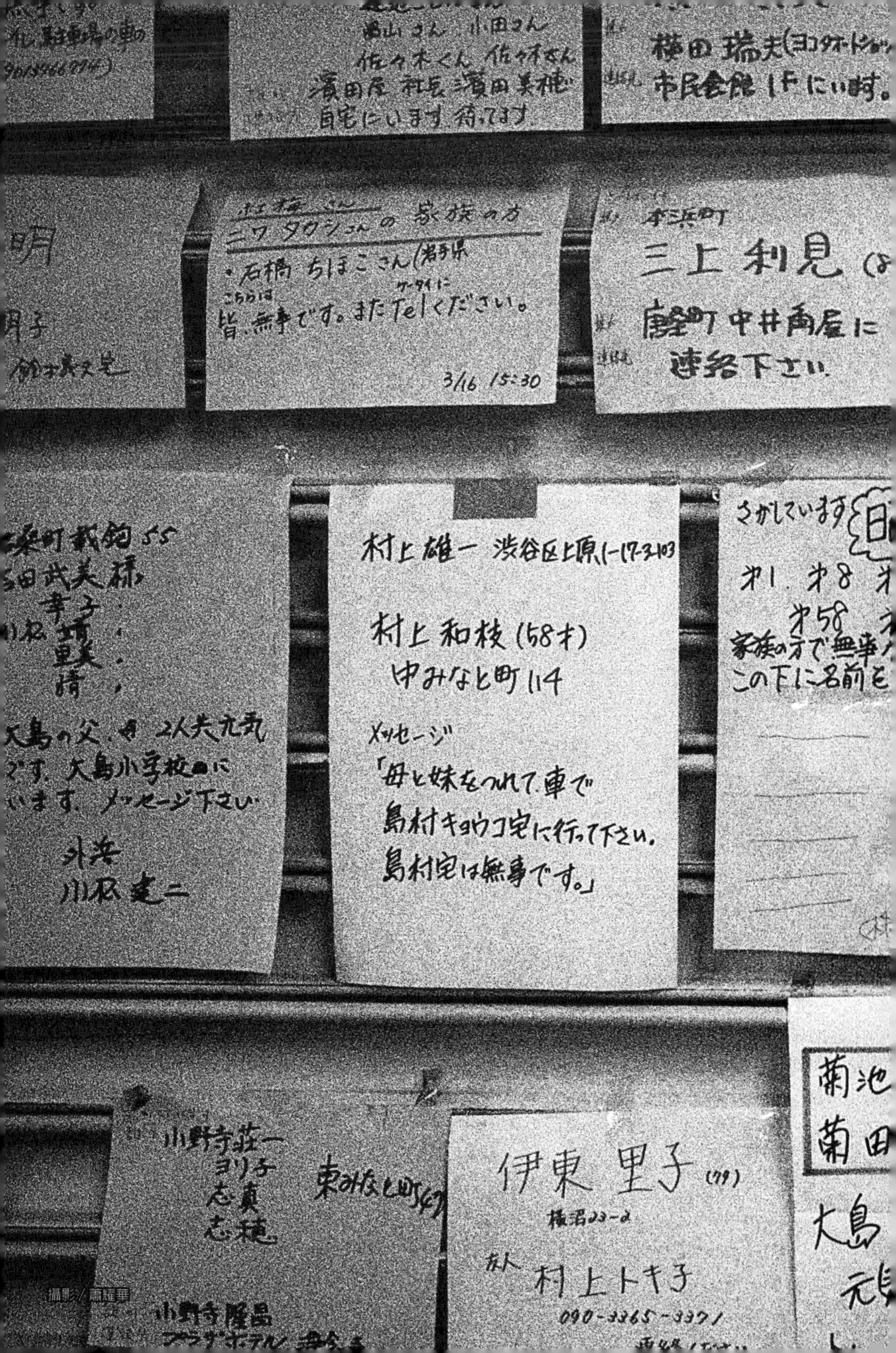

佐々木くん 佐々木さん
濱田屋 社長 濱田美穂
自宅にいます 待ってます
市民会館1Fに避難
ニワ タクジさんの家族の方
・石橋 ちほこさん
こちらは
ケータイに
皆、無事です。またTelください。
3/16 15:30
三上 利見
連絡下さい
村上雄一 渋谷区上原1-17-3-103
村上 和枝 (58才)
中みなと町 114
メッセージ
「母と妹をつれて車で
島村キヨウコ宅に行って下さい。
島村宅は無事です。」
さがしています
家族の方で無事な
この下に名前を
大島の父、母 2人共大丈夫
です。大島小学校に
います。メッセージ下さい
小野寺莊一
ヨリ子
志真
志穂
東みなと町
伊東 里子 (79)
村上トキ子
090-3365-3371
菊池
菊田
大島

攝影／蕭耀華

攝影／蕭耀華

心碎海岸線

踏上嗚咽大地

撰文／李委煌

水的力量，柔韌得驚人，摧鋼板如柳絮，奪人命如螻蟻。日本東北岩手、宮城極重災區綿延兩百六、七十公里，毫無例外地殘骸一片。強震海嘯的鋪天蓋地，捲進歷史紀錄，也再次警示人的渺小。

六十二歲老人，站在他所經營的餐廳樓下躊躇著；與偶然相遇的我們說起他的遭遇。

強震後不久，電臺播報將有三公尺海嘯來襲；他想著海邊堅固的防波堤，不以爲意，稍加整理被震落的東西，準備走上二樓暫避，與他腳步相差五秒的太太，旋即被速度驚人的大水吞噬……連續三波海嘯，一波比一波大，十多公尺高的巨浪上布滿煙塵，將所有地面物掃上天空！

災後二十天，慈濟志工來到岩手縣釜石市勘災，見證海嘯驚人威力，即使是鋼板外牆，也輕易被擰得歪曲皺摺。

（攝影／蕭耀華）

老人的家位於岩手縣釜石市，三分之二市區受災，罹難與失蹤超過一千人。災後開設了六十三個避難所，組合屋興建速度極快，預計兩個月可完成五千戶；老人目前住在學校，夜裏常會驚醒而睡不好，「就算五年後重建好，我已是六十七歲的老頭了。」

年近七十的水車英和，住在釜石市旁的大槌町，他說地震後通訊中斷，許多上班族聯絡不上在家的長輩，駕車趕回探望，全塞在街道上；海嘯在地震後十五分鐘出現，浪高達三十公尺，吞沒所有車輛……大槌町罹難者多數是年輕人。

二〇一一年三月底的一個清晨，我跟隨慈濟志工從東京出發前往東北勘災，將穿越福島縣、宮城縣，進入岩手縣。隨身攜帶的輻射偵測儀，在途經福島時指數明顯上升，志工一刻不停留地驅車往前；東行六百多公里後，下午兩點抵達首站釜石市。

在滿目瘡痍的廢墟中，親眼見證海嘯的威力，也聆聽置身廢墟之間人們心中的傷痕。接下來兩天，將進入受創更深的災區，又會看到什麼情景呢？

二〇一一年三月二十四日，岩手縣大船渡市飄下大雪，氣溫降至攝氏零度以下，不難想見居民在避難所的辛苦；餘震不斷，志工立於雪雨中商議賑災事務。

（攝影／黃世澤）

69-52

在岩手縣住田町加水站，自衛隊把可直接飲用的自來水注滿水桶，送到陸前高田市發送給居民。

（攝影／黃世澤）

向北挺進福島、宮城、岩手

災後汽油補給有管制，每車每次最多只能添加二十公升。慈濟因爲有救災通行特許證，獲准讓油箱注滿，得以順暢進入油料更緊缺的數個受災城市勘察。

與我同車的慈濟志工陳植英，從小在日本長大，後來移民澳洲；二月時他還在布里斯本水患災區發放，此刻又趕來日本參加賑災。他說東北海岸線形貌曲折，也因此將十公尺高的海嘯激揚成三十公尺高巨浪；宮城縣與岩手縣首當其衝，是此次複合性災難的極重災區。

沿途所見彷如戰後慘況，綿延兩百六、七十公里，等於從臺北到臺南的距離。實在令人難以想像：那麼大範圍的災區，該如何重建？

「不是送東西過來，他們就會需要的。」日語流利、深諳日本民族性的陳植英，清楚知道在這個高度富裕的已開發國家賑災，迥異於過去慈濟援助其他開發中國家的經驗。

一九九五年阪神大地震、二〇〇四年及二〇〇七年新潟地震，日本慈濟志工都曾進入災區關懷發放，深知政府救災動員的能耐；而日本民族性自尊、自信、自傲，即便大難當前，也極少對外求援。

我們在岩手縣一處災害對策本部（指揮中心），看到自衛隊各師團的通訊、設施、物資等連隊相繼進駐，提供避難所居民各項補給服務。從北海道札幌派來的陸軍連隊，運來多輛軍用快速煮飯車，每車配有六個火爐，每爐一次可煮十公斤米，具有快速提供大量熱騰騰米飯的能力；一旁，幾位隊員正清洗著多個金屬飯桶。

釜石市區災後至今仍然無水無電，一間有三十年歷史的飯店，幾位員工正賣力打掃清理；雖不知老闆人在哪兒、飯店能否重新營業，但他們仍忠誠盡責地完成日常工作，沒有酬勞，也沒有抱怨。從他們身上，可以看到日本人某些特質。

寧靜大地上經營幸福角落

抵達岩手縣首夜，我們借住在陸前高田市的一間安養院，院內老人在地震後就轉移到他處。陸前高田市北方緊鄰著重災區大船渡市，南方就是海嘯後全市幾陷入火海的宮城縣氣仙沼市。

當晚我們雖無法沐浴，但能有張床歇息，已是莫大的幸福。翌日一早，用熱水沖泡香積飯作爲勘災期間的午餐，隨即啓程前往氣仙沼市。

氣仙沼漁港是全球最大的魚翅產地，也是全日本最大的遠洋漁業基地，海嘯將漁港九成的倉儲漁貨全沖失了。

地震後油槽倒塌，燃油隨著海嘯浪潮湧入海港及市區，造成全市大火；災後二十多天，空氣中依然可以聞到陣陣焦味。百噸重的漁輪，被大浪硬生生推上陸地，散布在市區，彷彿電影場景；滿坑滿谷的廢墟瓦礫，更像是人爲道具，這一切很不眞實卻又千眞萬確。

超過一萬九千人在這場災難中罹難或失蹤。來自九州的中校自衛隊員立川先生說，他派駐於此地已逾兩週，發現的五具遺體或被壓在床下或困在車裏；氣仙沼市仍有許多罹難者未尋著。

小野寺紀子從制服認出了慈濟志工，激動上前致意。原來二十年前她在臺灣學習中文，對慈濟有很好的印象。她是氣仙沼人，從事漁貨貿易，海嘯從海港襲上時，她和一百多人逃往魚市場三樓的辦公室，一天一夜親睹至少二十波大浪及大火重創市區的慘況。

漁業之外，小野寺紀子也經營六家連鎖咖啡店，其中兩家就在氣仙沼漁港邊，當然也付諸海嘯。她正著手復建，希望盡快讓倒下的咖啡店，在廢墟中再站起來。

樂觀的她清楚知道，在災區賣咖啡很天眞，但她想經營的是一種「幸福感」，她相信如果災後民眾仍有心情啜飲咖啡，對未來會有更多希望與夢想。

儘管多年努力乍然失去，小野寺紀子卻覺得幸運，因為家人、職員都平安，「那才是最重要的事。」她強調。

從事漁貨貿易的小野寺紀子損失慘重，兩間位於港邊的咖啡店也嚴重毀損，但她樂觀以對，希望盡快讓咖啡店在廢墟中站起來，為鄉親營造幸福感。

（攝影／林炎煌）

守序自持共度難關

「您在尋找什麼寶貴物品嗎？紀念相片？重要證件？」一位婦人在斷垣殘瓦間踱步，帽子與口罩間的雙眼緊盯著廢墟；當志工翻譯轉達我的問題，女士回答：「我在找我的父母。」

原來眼前的瓦礫就是她經營的卡拉ＯＫ店，海嘯襲來時，父母就在店裏……我心頭一震，更感到當下這個問題的失禮。

宮城縣南三陸町沿海地形狹長，海嘯狂奔直入整個城市，被媒體形容「接近滅村」。收容逾千位居民的南三陸町綜合體育館，硬體建築現代豪華，救災人員、記者在一樓大廳入口處忙碌穿梭；走道上每戶人家以三十公分高的厚紙板作爲「圍牆」，厚厚的棉被摺疊整齊置於一旁，老人們坐在地上看「家」，眼神茫然。毫無隱私的生活令人心疼。

隔天我們驅車南下，拜訪宮城縣石卷市。在市役所（市公所）旁，有民間企業開著自製的「移動調理車」免費提供熱食，

婦人靜坐在殘瓦上，茫然望向遠方。在老家重建或遠離傷心地？這個疑問盤桓在不少居民心中。

（攝影／蕭耀華）

每人一盤白飯、一碗熱湯、一個魚罐頭；領取到熱食的居民席地而坐，和著風沙呑進湯飯。很難想像這樣的畫面會出現在日本。

沒多久，又有一輛貨車停靠，是一家企業送來飯糰。或許信任物資不會匱乏，大家安靜地排著隊，需要多少量就拿多少，沒有爭執或搶食。儘管克難生活已過了二十餘天，居民們依舊自持而守序。

許多長年居住日本的志工說，日本人不習慣麻煩別人，也不讓人來添麻煩；個性嚴謹，自小被教育不能在外人面前掉淚，認爲那是不禮貌的；難怪會有居民在述說心情時忍不住哭了起來，還頻頻跟志工說抱歉。規矩與壓抑，一體兩面。

這是最需要我們的時刻

完成三天勘災行程，我們四月二日返抵東京；仔細端詳，發現幾位志工紅了眼眶、鼻水直流，原來是「花粉熱」症狀。

岩手縣釜石市災害對策本部前，每逢星期二、四都會舉辦「藍天市集」，民衆可憑罹災證明書領取物資。

（攝影／黃世澤）

굿네이버스
Good Neighbors
Tel. +82. 2. 6717. 4000
www.goodneighbors.kr
20
20

每年三月、四月，正是花朵綻放、花粉盛飄的時節。特別是二次世界大戰後日本開始遍植杉樹，筆直高大適合當作建材，也有利水土保持；沒想到之後才發現杉樹花粉的威力，讓花粉症成爲日本人的「國民病」，每四人就有一人患有此症。

地上的黃色粉末，並不是大家所害怕的輻射塵，而是杉樹花粉；路上許多人戴著口罩，多是爲了阻隔花粉。

嫁作日本媳婦二十多年的志工呂瑩瑩，對花粉過敏，嚴重起來需要吃藥、打針、滴劑才能緩解；若非爲了勘災，她從不會在此季節來到花粉密布的東北，她全程雙眼泛紅，這趟路走來特別辛苦。日前在街頭勸募時，她卻將口罩取下表達誠意，希望爲受災民眾盡一分心力。

日人向來視社會福利工作爲政府的責任，以往少有團體街頭勸募；災難喚起各界愛心，許多單位上街募款。呂瑩瑩說，她定居日本以來不曾見過這種景況。

呂瑩瑩的先生是醫師，以往並不贊同妻子的志工服務，總是感覺日本人關懷日本人就好，無須勞師動眾麻煩外國人。「這次先生聽到我要去災區，他鼓勵我全心付出，晚上沒法回家煮晚餐也無妨。醫師公會召集醫師分批赴災區服務，他也在等候出發。」

「不只是我，很多志工都接到親友從世界各地打來的電話，要我們離開東京躲一陣子。嫁來日本那麼多年，頭頂人家的天、腳踩人家的地，此刻正是最需要我們的時候，更應該留下來盡一分力。」

災後一個月內，慈濟志工已經三度出入關東與東北重災區勘察、供應熱食及發放。賑災工作千頭萬緒，不少志工考量返家耗費車程時間，乾脆就睡在會所堅守後勤補給工作；不時有大學生或上班族即使只能服務一、兩個小時，也把握機會，街頭募款、文書處理、收集分析官方重建訊息等。

志工數度前往災區，發現居民最需要的，是能支持他們面對未來的心靈關懷；這條艱難而遙遠的家園重建路，將有慈濟持續陪伴的身影。

避難生活　把元氣找回來

撰文／李委煌

「活下來的人，應該要為往生的人，將家園重建得更亮麗，讓世界各地的人更愛這裏。」從民宿老闆娘到棲身組合屋，並沒有擊倒身為岩手子民的岩崎昭子，她努力帶動鄉親把力量串聯起來，將元氣找回來。

黃昏了，岩手縣釜石市的上粟林地區集會所，幾位婦女開始在廚房炒菜煮飯；大片榻榻米上，幾條長桌被搬了出來，每桌坐上四到六人，每人一碗飯幾道小菜。

桌上碗盤容器講究，各式醬料一應俱全，如果不是因爲牆上掛著的衣褲毛巾、四處收理整齊的生活用品，你會以爲這是個社區小型聚餐，而不是避難所尋常生活的一景。

這間約五十坪的避難所，並不是政府所設立，而是由同社區的居民集資租借，政府每日提供食材，婦女們輪流烹煮。儘管食物有限或重複，不同的人煮出的口味也不相同，「但我們能一起生活在這裏，很開心。」

社區避難所　互助如一家

「午安！」下午四點多，慈濟志工一行人脫下鞋子、拉好襪子，鞠躬彎腰、戰戰兢兢地踩上避難所的榻榻米，入境隨俗地跪坐著，和住民面對面。他們和善的表情及肢體語言，緩和了我們幾許不安。

尚未開口，一旁婦人已在輕輕拭淚；但很快的，幾位婦女拿出座墊、端上熱茶，招待來自臺灣的客人。我們不敢輕易上坐，而先透過翻譯自我介紹；幾句鬧笑話的日語，讓大家呵呵笑了起來，接著席地輕鬆閒聊。

輪到他們自我介紹了。皮膚黝黑的佐藤豐，已近七十歲，專長是汽車板金；他的工廠、住家全毀了，更被劃入危險禁建範圍，至少兩、三年內不可能取得建築許可證；他提案向政府反映，等候協助。

植田義人從事農漁業，剛全數更新的農具，災後全部流失；養殖的干貝準備要採收，也毀於海嘯。但他還算幸運，地震發生時，正潛在海裏的他，趕緊浮上水面搭船，逃到陸地後，開車載著九十多歲老母親往高處疾駛，回望時海浪已緊追在後……

柏崎龍太郎說，海嘯奪去了他的獨生女，領到慈濟見舞金後，會先買個佛龕，好好供奉女兒。「災後大家生活在一起，反而讓我不那麼悲傷；甚至還培養出『革命情感』。」

災後三個月，已陸續有人搬入組合屋，仍在等候分配的他們，也會不捨地爲遷出者舉辦送別會。

這個避難所目前約有六、七對夫婦，柏崎龍太郎說，男人負責外出蒐集災後重建情報、與相關單位開會協調、協助物資調度與運送；女人則留守，負責每日三餐的準備及環境清理。

三個月避難生活，讓集資租借在岩手縣釜石市上栗林地區集會所的鄉親，宛若一家人；「絆」的力量，使他們跨越災後的艱困。

（攝影／林炎煌）

志工離開岩手縣陸前高田市綜合運動中心避難所時，居民披上慈濟致贈的披肩走出戶外，揮手感謝來自臺灣的關懷與祝福。

（攝影／黃世澤）

既然是個大家庭，就需要有規矩，他們每日清晨五點半前起床，打掃、用餐，再出門分頭購物、處理事務；下午常需接待訪客，例如醫師、警察與志工團體等。晚餐前後交換訊息，晚上九點便熄燈禁語，免得打擾到其他人。

我們曾在其他避難所觀察到冷漠、封閉、不安等氛圍，因爲缺乏隱私，居民各有心事、壓抑情緒，加上失去工作，難以維持穩定的生活步調，很容易胡思亂想甚或絕望。

眼前這個小小的明亮空間，這群人的互助與關懷，處處教人感動。

不輸給風　不輸給雨

日本知名演員渡邊謙，在大震災後曾說，全日本最貴重的財產就是「きずな」；他認爲，跨越災後艱困的關鍵，就在這個人與人之間的「絆」——意指人與人之間的聯繫。

畢竟悲傷無益，大家攜手團結爲重建努力。「我們希望向災區、全世界，傳送這股『絆』的力量。」他說。

「不輸給風，不輸給雨，無畏大雪，不怕炎夏」，這首摘錄自出生在岩手縣、著名兒童文學家宮澤賢治的詩，由渡邊謙朗讀，透過網路傳閱，盼能撫慰受災居民受創的心。岩手縣釜石市鵜住居町的岩崎昭子深受感召，她原是根浜地區著名沿海旅遊景點民宿老闆娘，如今是一戶組合屋的女主人，入住後透過媒體積極凝聚社區力量。

「日本人一向很安逸、很依賴政府，但發生這麼大的災難，那麼多國際人士來支援我們，我突然發現到，光靠政府力量是不夠的。」岩崎昭子以爲，每個人都有潛力，除了自力救濟，還應努力去救他人，將左鄰右舍關懷的力量結合起來。

那就是一種「絆」的力量。而這力量來自主動出擊，而非被動等待給予。「自立自強，才能有生路。」

岩崎昭子這看似豁然開朗的體悟，其實是來自一位五歲女孩的棒喝。

海嘯來時，岩崎昭子被海浪沖走，奮力游上岸的過程中，一度想放棄，但她告訴自己一定要擁有希望、設法活下去；她拚命地游，終於幸運獲救，「但災後三個星期，我不敢去看海，很恐懼。」

民宿被沖毀，岩崎昭子住進避難所，遇見了一位五歲女孩，女孩的媽媽被海浪捲走了。「你知道這世上，還有誰比海浪更勇敢嗎？」面對小女孩突然的詢問，岩崎昭子愣住了。「就是往高處跑的人。」往高處跑的人，就不會被海浪給吞沒。小女孩的話打醒了她。

依歷史紀錄，日本東北海岸線每五十年、百年就會有一次大海嘯，「我們東北人後代子孫，本身就帶有與海嘯對抗的DNA。」只要往上跑、往前走，大家一定有勇氣與本事生存下去。

「活下來的人，應該要為往生的人，將這個地方重建得更活潑、更亮麗，讓世界各地的人更愛這裏。」岩崎昭子不希望大家只是用同情的心態來看災區，「最重要的是如何串聯起來，將元氣找回來。」

她組織漁會婦女們編織漁網手環販售，爲罹難者祈願祝福，同時增加收入；也透過媒體、網路積極募集花卉種子、花盆、工具等，邀請受災鄉親在自家組合屋前栽種，等到花卉長成，再置放到整修好的海岸線上，「讓外人喜歡這裏，能捧著這些花去弔慰往生者，將祝福撒向大海。」

岩崎昭子說，她不希望罹難者從海上眺望陸地時，感覺陰暗沈悶、沒有元氣，「這對那些罹難的討海人來說，很不禮貌。」

在愈來愈多人的認同與支持下，岩崎昭子擘畫了「理想村」願景——一個能讓人們「樂活」的社區，包括原先經營的民宿、濱海的旅遊渡假區、沿海廢棄屋的裝修、一整片美麗有元氣的花海景致……與海嘯共存的決心，讓身爲岩手海岸子民的她，感到更有勇氣與力量。

「以前沒去想很多問題，這次大災難，反倒讓大家甦醒

身為海岸子民，與海共存的決心，帶給岩崎昭子為未來奮鬥的勇氣與力量。

（攝影／林炎煌）

了。」岩崎昭子和漁會婦女們在東京販售編織的手環，甚至自己當上宣傳海報的女主角；綻放著如花般的笑顏，一旁文字寫著：「有工作，就有笑臉。」

「大家說我像個傻子，不需要別人稱讚，也無須他人為我擔憂。」宮澤賢治詩作那股「不服輸」的精神，不僅深深觸動了岩崎昭子，也成了她理想村藍圖的核心價值及座右銘。

儘管目前鄰里故舊散落各處，或已入住組合屋，或仍暫居避難所，但她有信心：「最終，我們還是要回到這裏來的！」

思念　沈入大海的家園

被海嘯襲擊而成廢墟的房子尚未清除，淡淡綠意卻悄然鑽出鹽分土地、爬山破碎地基。瓦礫堆中立起一面日本國旗，上頭以端正漢字寫下「鎮魂、感謝、希望」——平撫傷痛，感謝各界協助，走上希望之路。

撰文／涂心怡　攝影／林炎煌

牧鹿郡女川町水深達三十六米的女川灣，不僅是宮城縣許多大型船隻的停泊地，更曾是大日本帝國海軍的基地之一；然而輝煌已逝，強震就發生在牧鹿半島外海一百多公里處，女川町也難逃海嘯肆掠。

三一一災難中，宮城縣是受災最嚴重的縣，死亡與失蹤逾一萬一千人，超過二十二萬兩千戶房屋全毀或半毀；其中女川町死亡與失蹤人數比例最高，將近十分之一人口瞬間消失。

女川町災後復興工作千頭萬緒，重建首要之務是將瓦礫垃圾清運乾淨；而這相當於町內正常年份一百多年的垃圾總量，亟需全國各地幫忙。

鎮魂
感謝
希望

海洋孕育著女川町的生命，卻也無情奪走九百一十五條人命，港口毀壞、高達三千兩百多棟房屋全毀或半毀。從那一刻開始，海洋對女川町人來說，流淌著一股難以抹滅的悲痛。

「海嘯」的英文tsunami源自日文，日本對防震、防嘯研究的能力，世界首屈一指。但即使擁有最嚴謹、最高規格的防波堤和警報系統，又豈能預料得到這次災難的強度和規模？又豈是渺小人類所能防禦？逝者已矣，留下來的人所要面對的，極有可能是他們這一生中最大的難題。

●

七十五歲的野村仁走下車，伸出手扶著結褵四十八年的老伴野村秀幸下車。

微微佝僂的野村太太下車後，自然地走到先生的右後方，她右手拄著枴杖，左手伸出兩指扣著先生的腰間皮帶。這是日本人獨特的含蓄。

野村夫婦走進一條布滿雜草、瓦礫的小路，慢慢地行走，抵達略能看見地基、卻被長得比人還高的雜草覆蓋之處，野村太太的左手這才鬆開先生的腰間皮帶，移向僅存一小截的圍牆，輕輕撫拍著，說：「我們回來了。」而野村先生則是站在一旁，滿臉惋惜。

這是他們結婚以來一直住著的家，屋齡四十八年，即使經過翻修，最新的建築體也有三十四年歷史；他們在這裏度過大半人生，留下迎接新生、歡笑與淚水的回憶。

「如果只是地震，那麼還會有東西留下來供我們回憶，但一切都被海水給沖走了。」野村先生指著房子的右邊說：「隔壁的遠藤先生罹難了。」

接著，他再指指前方，「濱田家只留下一個女孩，其他七個人也被海水帶走了。」數了數，這一區一百二十戶人家，就罹難了六十人。

小野草　啓示野村夫婦

海嘯當日，野村夫婦因爲前往醫院複診而逃過一難，回到家看到原是建築體的地方，甚至被海水打上了一艘船。

野村先生伸手扶著站不住的太太，久久說不出一句話；當下決定不再回到這個傷心地，「被海水洗過的女川町，已經不是我們認識的家鄉了。」

每每返鄉處理繁瑣的重建事宜，路過家前總想假裝沒看見。然而人的心即使距離頭腦不過幾十公分，卻常常背離所願；野村先生忍不住回頭望，禁不住老淚縱横。

「每晚要入睡前的那一段時光總是難熬，因爲一閉上眼睛，失去的一切都會浮現在腦海。」野村先生掄起拳頭，憤恨地敲打著床邊，並粗口罵道：「海嘯王八蛋！」「海嘯畜生！」對於個性溫和的野村先生來說，這是他唯一洩憤的方式。

野村夫婦坐在雜草叢生的舊家廢墟前，拿著女兒挑選的舊家留影重印相冊翻閱；失去的家園，如今只能在照片中回憶。

野村夫婦的女兒挑選了以往在舊家的留影，印製集結成冊送給爸媽；這本相冊從此與野村夫婦形影不離，尤其是野村太太，只要一空閒，雙手就急著翻閱相本。看著照片裏笑口常開的自己，她摸摸僵硬的臉，自問：「這些笑容都到哪裏去了？」即使自覺，卻怎麼也無法逼自己眞誠地漾出一抹微笑。

當他們眞正鼓起勇氣再次走到「家門」前，已經是災難過後兩個月了。

「我永遠都記得那一天，是五月二日。」野村太太放下手中的枴杖，小心翼翼坐上僅存的低矮圍牆；她的背後滿滿是鼠尾草和不知名的野花野草，但她一點也不以爲意，望向野草的表情充滿愛憐。

「那一天，這裏仍是一片空蕩蕩的，但是我們在瓦礫當中竟然看到一株綠芽。」曾在庭院栽種一百三十多盆盆栽，對園藝相當熱衷的野村先生表示，海水席捲一切，也在土地上留下過高的鹽分，相當不利植物生長，「但是那株小草竟然長出來，在那麼惡劣的環境下呀……」接下來的一聲嘆息，滿滿是驚歎。

以往，野村先生的日課，就是拔除盆栽的雜草；但是當他們看到那一株野草時，眼淚撲簌簌地流了下來，將野草連同一旁的瓦礫、泥土一起挖了回去，移植成盆栽帶在身邊。

他們破碎的心，隨著這株野草的成長而日漸彌合。「我從未想到有一天，曾經視如敝屣的野草會帶給我勇氣，告訴我生命力的強韌。」那天之後，野村先生就不在午夜低徊時咒罵了，而野村太太也開始露出笑容。

有句日本俗語這麼說：「女人要有笑容，男人要有度量。」誰能想到，一株野草竟讓野村夫婦的人生重回軌道？野村夫婦對此相視而笑，說：「生命啊，不可思議！」

野村夫婦對一株小草的感動，就像是一位受災居民爲這場災難寫下的一個字——無；代表三個意思，第一是什麼都沒有了，第二代表無常，而最終含意，則是新生的開始。

四葉草　杏奈尋覓希望

但是新生之後，迎面而來的是希望？還是無情的現實？

女川町公園散搭著六頂圓形大帳棚，小林由美子說，災後避難所一位難求，他們在自衛隊以及國外團體的援助下搭帳棚生活；「刷牙、洗臉要到公園廁所，洗澡就去體育館。有時候下大雨，一出去就全身溼答答了。」

跪坐在帳棚內那因潮溼而微微發霉的榻榻米上，等待遷入組合屋的小林由美子訴說災後六個月來的不便。語調很平靜，沒有過多的抱怨，但是，也沒有對未來的希望。

小林由美子帶著女兒小林杏奈回到僅存地基的家，緩緩踏上三個階梯，假想來到大門前，將纖細的手伸向原是電鈴的地方，口中配音著：「叮咚、叮咚。」接著，她扭轉手腕彷彿打開門並走到玄關，「我們回來了。」作勢脫鞋的小林由美子，此時再也無法露出以往回家的安心喜悅，她的嘴角下垂，眉頭深鎖。

小林杏奈（左）和朋友在毀損不見的家門前，找到三株四葉草；她小心翼翼握在手中，祈求它：「請給我幸福、給我力量，讓我再次把家蓋回來。」

Glare
Heartthrob

「這個被海嘯奪走的家，貸款三十五年，才繳兩年三個月；現在銀行一直催繳，我們家只有先生在工作，兩個孩子一個國中，一個才國小，不知道該怎麼過下去？」

有別於母親肩扛著現實的壓力，九歲杏奈的小小身影裝不下那麼多悲傷，她跑上玄關，砰地一聲跪趴在地板上，鼻尖頂著木頭地板，深呼吸並興奮地說：「啊，杉木的味道還在。」

杏奈記得第一天踏進這個家時，那濃濃的杉木香是如何鎮定人心，「但是住久了，就聞不到那個味道了。」

當她最珍愛的二樓房間流失、當她在半年間漸漸遺忘房間牆壁的顏色時，雀喜的是，杉木的味道還在，彷彿是房子留給她的最後禮物。

看著母親深鎖的眉，削短頭髮、帶些男孩子氣的杏奈沒有靠過去擁抱，只是站在遠遠的這一端看著，小聲卻又堅定地做下決定：「以後，我一定會再把房子蓋回來！」她能否辦得到這個自己許下的承諾，不得而知；但是這一天，她在舊家前方那一堆雜草中找到三株四葉草。

四葉草是稀有變種植物，一萬至十萬株的三葉草中才能找到一株，杏奈卻在短短十分鐘內找到了三株！西方認爲四葉草代表幸運，而在日本則代表著幸福；或許未來無可預知，但猶如杏奈手中緊握著的那三株四葉草般稀有，希望，絕非不能擁有。

重建路　漫長但蘊含希望

女川町町長安住宣孝，災後曾起了求去的念頭，「一百年、一千年才會發生的大災難，怎麼就偏偏給我遇上了？」

女川原名小川，在日本安平時代末期的源平合戰中，婦女帶著小孩避難至此，因此改名爲女川。原是避難之處，八百多年後竟成了受難之地。

安住宣孝說，女川町三面環山，由二十個海灘連結而成的東面海岸線，不僅是朝日升起之處，其寬闊豐饒的海面更孕育無數代子民。「我們時常告訴小孩，要朝大海的方向出發，邁向未來。卻怎麼也沒想到，這次從海的方向迎來一場驚世海嘯。大家受到很大的心理傷害，從此畏懼海洋。」

町內為小孩們舉辦詩歌與繪畫比賽，藉此紓解受災情緒；一位孩子寫下的詩詞讓大家印象深刻——

我們女川町雖然人流走了，

房子也流走了，

但是女川町沒有被流走。

「詩詞意味著災難中被留下的人，應該要共同努力，讓女川町重回以往樣貌。」安住宣孝說，孩子的話讓大家拾起動力，現今女川町正積極走向復興。

二〇一一年九月，從女川町尾浦港搭船來到出島，全島敗壞的樓房、被沖上山邊樹梢吊掛著的捕魚用具尚未清除，海嘯肆虐痕跡還在；五百位居民至今仍住在避難所內，尚未歸來。所幸，港口邊夜以繼日不曾間斷的工程打響了生氣。

出島居民、同時也是女川町議員內田勇雄站在海岸邊，指著地面高低落差說：「地震之後，日本很多地方都嚴重地層下陷，我們的港口就下陷了一百二十公分。大約有三分之一的居民投入港口復興工程，期待早日重建，把出島的居民全接回來。」

其實不只女川町，東北災區正在恢復活絡。飯店旅館即使少了觀光客入住，仍然一房難求，因爲來自各地的技術人員，一批批抵達協助清除瓦礫以及搭建組合屋。

青森縣的阿部義光已經離開家鄉五個多月，與工作伙伴搭車七個多鐘頭來到岩手縣，並一路往南至宮城縣等沿海災區協助重建，「據我所知，大概有八千多名外地工人投入重建。」

清晨六點，阿部義光拿著一瓶罐裝咖啡，坐在旅館外頭等待上工，豪氣地仰頭飲盡一日所需的咖啡因，精神抖擻地說：「災區重建路還長呢！我們會跟受災居民一起加油的。日本加油！」

位在牡鹿半島的女川町依山傍水，風光旖旎，是一個以漁業和水產加工為主的美麗小鎮；災後半年，出島人們已在港口積極作業，努力恢復往日生活。

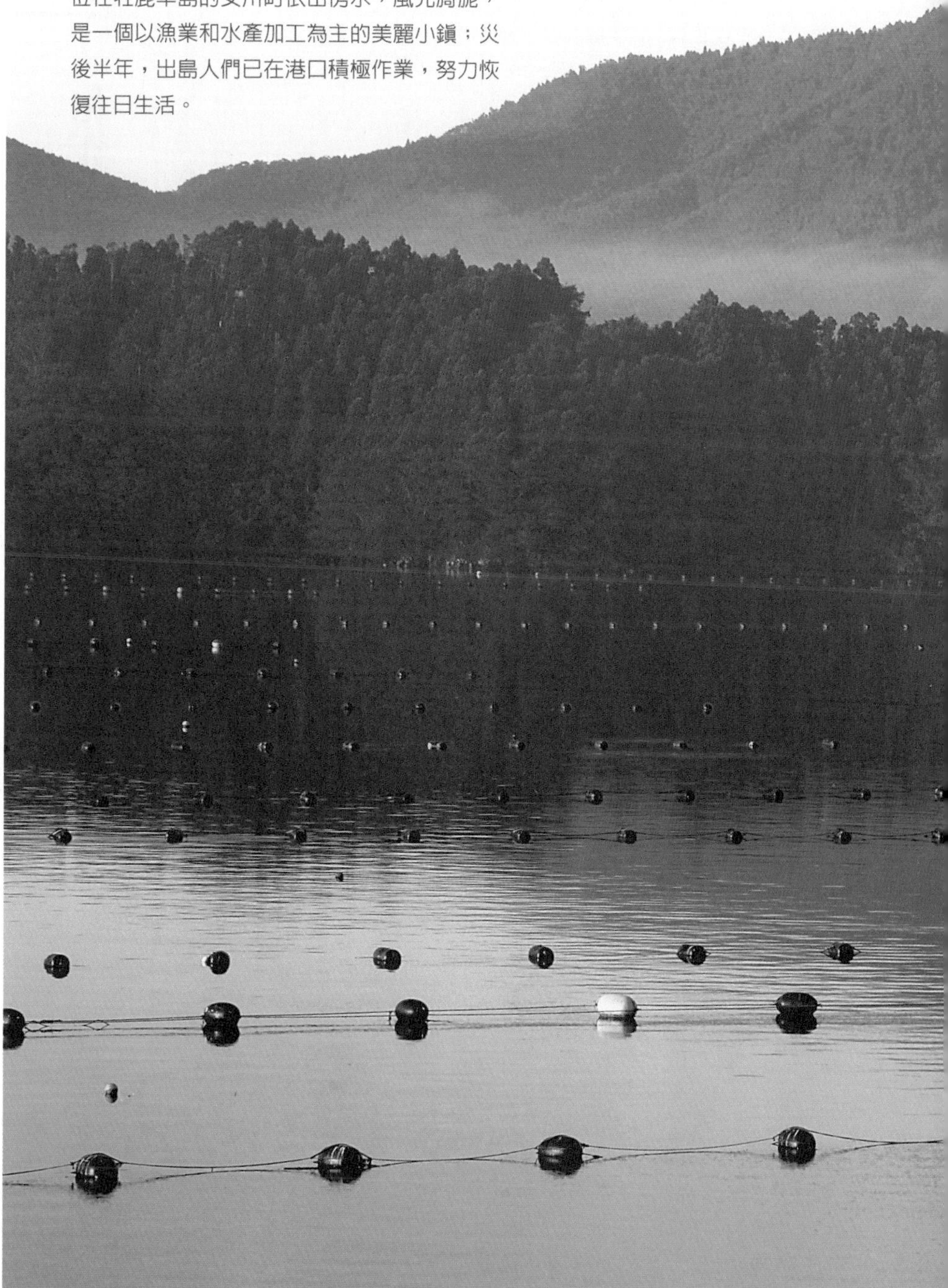

化作千風　愛永在

撰文／林玲悧

石卷市大川小學校七成孩子被海嘯帶走，鎮魂碑前擺滿鮮花，心碎的父母仍不放棄希望，救難犬持續在校園尋覓，尋覓那已經翱翔在天空裏的千縷微風……

北上川，是東北地方最大的河流，流經岩手縣和宮城縣。沿著北上川前行，河岸風景優美，河裏還有尚未南飛的小鴨子自在悠游。

岸邊白黃相間，說不出名字的雜花野草叢生在海水浸泡過的土地上，迎風搖曳，形成深淺遠近不一的色塊。往山上看，前兩天的雨和低溫讓楓葉轉紅。東日本的秋天，美得像是風景月曆。

「河道上原本有滿滿的漁船，都被沖走了。」一位宮城縣石卷市鄉親喃喃說著；接著，她輕輕哼起「北上川夜曲」——

那眼眸，像是清香優雅的百合花。

回憶往事，映上心頭是北上川河畔的月夜……

車窗外靜靜流淌而過的北上川，應該是這塊大地上許多遊子夢中的母親河吧！

海嘯從北上川出海口，一路朝上游前進，以驚人的氣勢直撲陸地，首當其衝的石卷市，高達三千七百多人罹難、失蹤，超過兩萬三千戶房屋全毀或半毀；河岸邊殘留的地基，彷彿提醒著大家，這裏曾經是許多人安住的家。

天災爪痕　不忍撫觸

石卷市立北上中學校地勢高，海嘯來襲時全校正集中禮堂做畢業典禮演練，逃過一劫。

北上中學的孩子很幸福，九十四人享用設施完善的校舍。校

石巻港灣，北上川緩緩進入太平洋。曾經，沙洲上房舍造型多樣，岸邊船帆點點；如今海嘯夷平建物，摧毀養殖漁業、造紙造船工業。

（攝影／張文永）

長室牆壁上懸掛著海嘯過後第二天的照片，是北上川入海口的空拍照片，「爪痕—空から」，標題精簡有力，意思是「從天空看到的爪痕」。

北上町一百八十戶組合屋就坐落在校區旁，悲傷陰鬱的氛圍，讓北上中學校校長畠山卓也非常擔心，帶著慈濟志工前往組合屋探視鄉親。

村長佐藤富士夫親切地邀志工入內，並介紹組合屋依家族成員人數多寡，有六、九、十二坪三種坪數。

慈濟志工走過臺灣九二一震災，深知組合屋夏熱冬冷的特性，夏天熱不可擋，入秋轉涼，晚上蓋兩條被子也不暖和。鄉親如何度過這個冬天，令人心疼。

午後的北上川波光粼粼，河面上還有幾艘漁船；河兩岸遙遙相望的中學和小學，無常來時命運大不同。

「對岸那一片建築物，是大川小學校的廢墟。」帶著志工們站在學校前高地遠眺，畠山卓也說：「小學校距離北上川河口約四公里，七成的孩子被海嘯捲走。」

災後至今，畠山卓也依然不忍心走那條路、不忍心再看學校一眼。「我應該走出去，帶大家去看災區，了解到底發生了什麼事。」他不想再受困於哀傷的記憶，伴同志工去探望災後的市公所和小學校。

橫跨北上川的橋修好了，泥濘垃圾也都清走了；乾淨的大地上，僅存結構骨架的建築殘骸，仍是無法形容的災後慘狀。市公所是五層樓高的辦公大樓，九成五的職員罹難，浩劫餘生的幾個人是在樓頂水塔上獲救的；高掛外牆的時鐘，停在大難來臨的兩點四十六分。

在天災地變那日的同一午後時刻，志工肅立，用〈愛與關懷〉這首歌回向往生者。

大地傷痕　母親的淚

災後兩百多天，大川小學校廢墟上，仍有人員和救難犬在作業；學校遺族會會長武山剛呼籲：「希望搜尋失蹤者的工作能夠繼續下去，直到所有人都回到家人懷抱。」

（攝影／蔡謀誠）

請不要佇立在我的墓前哭泣
因爲　我並不在那裏
我並沒有沈睡不醒
而是　化爲千風

我已化身爲千縷微風
翱翔在無限寬廣的天空裏
秋天　我化身爲陽光　照射在田野間
冬天　我化身爲白雪　綻放鑽石般的閃耀光芒
晨曦升起之際　我幻化爲飛鳥　輕聲地喚醒你
夜幕低垂之時　我幻化成星辰　溫柔地守護你

〈千風之歌〉曾經安慰過無數人走出喪親之痛，但是安慰不了大川小學校失去孩子的媽媽。

「大川小學校被災學童鎮魂碑」前擺滿鮮花，志工鞠躬致意時，巨大低沈的吼叫聲在耳際響起——這些狼狗是救難犬，是心碎父母不放棄的希望，仍在這傷心的校園尋覓，尋覓已經翱翔在天空裏的千縷微風。

大海遠在好幾公里之外，在人類有限的歷史記載裏，海嘯不曾造訪過這兒；大川小學校經常組織孩子們進行地震演習，但從來沒進行過海嘯演習。

「學校旁就有山坡，爲什麼不往上逃？」「爲什麼學校建在低地上？」老師和孩子們都沒有應對海嘯的經驗，問再多的「爲什麼」，只有徒增怨念。

如果能明白，佛教的無常觀和因緣觀；如果能相信，這些善良純潔學子的消逝，都是菩薩示現——提醒世人敬天愛地、珍惜一切；是不是能寬慰喪子的母親不再哭泣？

答案，依然在風裏。

大川小學校近七成學生罹難，佇立在創傷的
大地上，志工祈禱默哀。

（攝影／蔡謀誠）

攝影／蕭耀華

宮城県

攝影／蕭耀華

攝影／蕭耀華

攝影／蕭耀華

傾聽十萬個傷心故事

奉上「災害御見舞」

撰文／李委煌、涂心怡

志工千里迢迢、想方設法將見舞金直接傳遞到二十五個城市、九萬六千多戶受災鄉親手中，唯一目的正如陳金發所言：「小小的慰問金，無法養活受災戶一輩子，但我們期待帶來希望，激勵他們繼續生存的勇氣！」

海嘯捲來，帶走一切，人命、財產都如鴻毛一般，毫無招架之力。

二〇一一年六月九日到十二月四日，慈濟在災情最嚴重的岩手、宮城及福島三縣共二十五個城市，致贈九萬六千九百六十四戶「住宅被害見舞金」，總額逾新臺幣二十億元。

「在日本大規模發放現金，幾乎是『不可能的任務』！」日本慈濟分會督導陳金發說，此次災難太大而且範圍極廣，儘管日

攝影／蕭耀華

本政府傾全力賑災，「災後三個月，仍有許多居民克難地住在避難所，令人心疼。慈濟人感同身受這分苦，所以鍥而不捨、一次又一次奔波溝通，終於克服困難達成目標。」

東北新幹線中斷期間，慈濟志工從東京搭乘夜行巴士，耗時八小時北上災區勘察、洽談現金發放事宜；結束後又披星戴月搭夜車折返，行抵東京時往往天色已明。經過多次實地了解，受災民眾生活物資不虞匱乏，最需要的是應急的現金。

日本財團曾針對罹難者、失蹤者遺族提供弔慰金，但過程中面臨許多困難，包括宣導不周、領取者資格認定也引起爭議，因此領取率並不高。

慈濟以領有政府發出的「罹災證明書」爲原則，提供住家全毀、大規模半毀和半毀的居民，依家庭人口分爲三萬、五萬、七萬元日幣三種額度；並命名爲「見舞金（みまいきん）」，寓意慰問、祝福與鼓勵。

最先同意慈濟致贈見舞金的，是岩手縣釜石市、陸前高田

慈濟援助東日本大震災致贈「住宅被害見舞金」一覽表

縣別	市町	戶數	金額（日幣萬圓）
岩手縣	陸前高田市	3,568	18,698
	大船渡市	3,355	17,253
	釜石市	3,678	18,254
	大槌町	3,591	17,855
	山田町	2,761	14,045
	宮古市	3,979	19,897
	岩泉町	187	919
	田野畑村	230	1,204
	野田村	458	2,406
	久慈市	261	1,353
	洋野町	27	135
宮城縣	氣仙沼市	8,065	41,465
	南三陸町	2,893	15,953
	女川町	2,554	12,848
	東松島市	10,208	54,752
	石巻市	29,525	149,325
	松島町	1,310	7,100
	利府町	748	4,062
	塩竈市	3,268	16,516
	多賀城市	4,274	21,614
	七ヶ浜町	1,110	6,218
	名取市	3,241	17,503
	亘理町	2,735	15,487
	山元町	2,843	15,261
福島縣	相馬市	1,590	8,860
	核災避難至山梨縣 群馬縣、栃木縣者	317	1,723
總計		96,776戶（註）	50億706萬日圓

・統計日期：2011年12月31日止

・資料來源：佛教慈濟基金會

註：2012年1～3月陸續郵寄見舞金予188戶受災居民，總計致贈96,964戶；
合計50億1,541萬日圓，約合新臺幣20億4,448萬4,609元

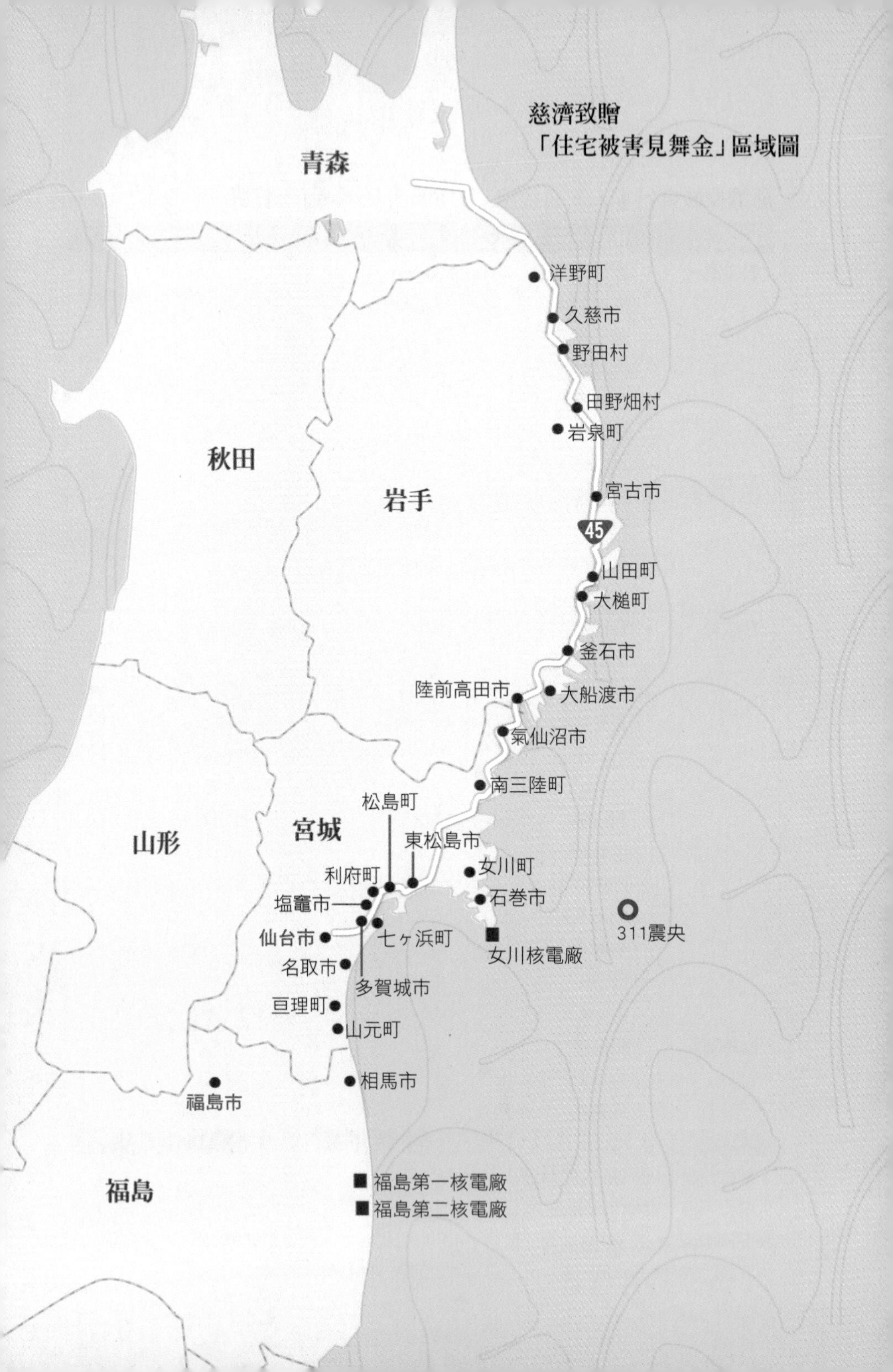

慈濟致贈
「住宅被害見舞金」區域圖
青森
秋田
岩手
宮城
山形
福島
洋野町
久慈市
野田村
田野畑村
岩泉町
宮古市
45
山田町
大槌町
釜石市
陸前高田市
大船渡市
氣仙沼市
南三陸町
松島町
東松島市
女川町
利府町
石巻市
塩竈市
七ヶ浜町
仙台市
女川核電廠
311震央
名取市
多賀城市
亘理町
山元町
相馬市
福島市
福島第一核電廠
福島第二核電廠

市。釜石市長野田武則說，允諾國外NGO進來發放，需要很大的勇氣，除了領取資格的公平考量外，也擔心有宗教色彩；但慈濟志工多次從東京奔波來訪，讓人感受到誠懇與值得信任，而現金確實是居民當下最需要的，所以破例答應。

釜石市總務課助理課長熊谷充善說，看到一百多位志工自假來東北完成工作，他非常驚訝，「一個來自國外的團體，如此拚命、投入，我感受到你們眞正想爲居民做此事。」

慈濟不只提供現金，志工還對來領見舞金的民眾微笑招呼、噓寒問暖，並設關懷區讓民眾坐下來傾吐心

攝影／吳慈涓

事。熊谷充善表示：「這些事本來是地方政府應該做的，你們不但替我們做，還給予大家這麼親切的態度，這一切都教我們刻骨銘心。」

兩地政府在網站、地方報公告慈濟將致贈見舞金的訊息後，位於東京新宿的慈濟分會，就不斷接到來電詢問，想確定申請的資格、領取方式以及必須證件；不難想見，非常時期居民的實際需要。

「您辛苦了！」志工輕輕地在電話這頭關心，話筒另一端便傳來啜泣聲。「我們不敢再說『請您加油』了，因爲他們已經努力了三個月。」日本慈濟分會執行長張秀民說。

考量日本民族性多禮且注重細節，慈濟見舞金封套上寫有「災害御見舞」，意即對受災民眾「恭敬獻上慰問、祝福和鼓舞」。內採摺頁式，第一頁印有靜思語「信心、毅力、勇氣三者俱備，則天下沒有做不成的事」。打開內頁，首先是證嚴上人致居民的慰問信；第二頁是印有靜思語的菩提葉形狀卡片，拿起菩提葉，即可看見日幣現金。

每位來領取見舞金的民眾，辦理手續全程不過十分鐘；但是志工為了發放順利，卻花上一個半月的時間對流程與動線反覆推演，只為讓每一位領取者，都能感受到慈濟深切的關懷與尊重。

「第一次前往東北前，上人告訴我們：錢的金額不大，我們眞正要送進東北的，是愛。」志工林淑芬表示，有不少鄉親在發放現場哭倒在志工懷裏。

她遇過一個四十出頭的男人，頭髮散亂、鬍渣滿臉，簽領見舞金時，緊咬雙唇、顫抖著肩膀，不讓情緒潰堤，一雙手抖得幾乎無法寫下自己的名字。「當我奉上見舞金時，他一摸到那白色信封，就崩潰了。」

男人說，海嘯來時他一手抓著妻子、一手拉著女兒，卻敵不過海嘯的衝擊力，會游泳的他很快就抓住一根浮木，卻也同時眼睜睜看見妻女被大浪捲進海裏，至今連遺體都沒找到，「我用自己的眼睛殺了他們。」

「我什麼都沒有了！老實說，我不知道今天來領這份見舞金有什麼意義？」志工聽完他的心聲，告訴他：「她們沒有離你而去，說不定正在身邊守護著你。你是否想過，她們為什麼獨留下你？是因為希望你能好好活下去。」

男人聽完後沈思許久，起身走到門口時，突然回過頭對志工說：「回家後我第一件要做的事情，就是把門面打理一下——我要好好活下去！」

慈濟人千里迢迢、想方設法將見舞金直接傳遞到九萬多戶受災鄉親手中，唯一目的正如陳金發所言：「小小的慰問金，無法養活受災戶一輩子，但我們期待帶來希望，激勵他們繼續生存的勇氣！」

居住在大阪的林淑芬，十次見舞金發放就參與了八次，光來回交通費就很驚人。並不富裕的她為了前往東京與其他志工集合，捨棄快捷的新幹線，改搭夜行巴士，「新幹線來回一趟要兩萬六千日圓，夜行巴士只要七千圓。」

深夜十一點的巴士，清晨七點多抵達東京，之後還得隨著大團再搭八個小時車程前往東北，可以想見多麼辛苦。

「唯有努力省下每一分錢，才有機會到東北付出。」勤勤儉儉只爲付出，林淑芬卻認爲很値得，「如果我們帶去的愛與關懷，能夠多幫助一個人堅強活下去，並對未來懷有希望，對我們來說就是最大的回饋！」

攝影／蕭耀華

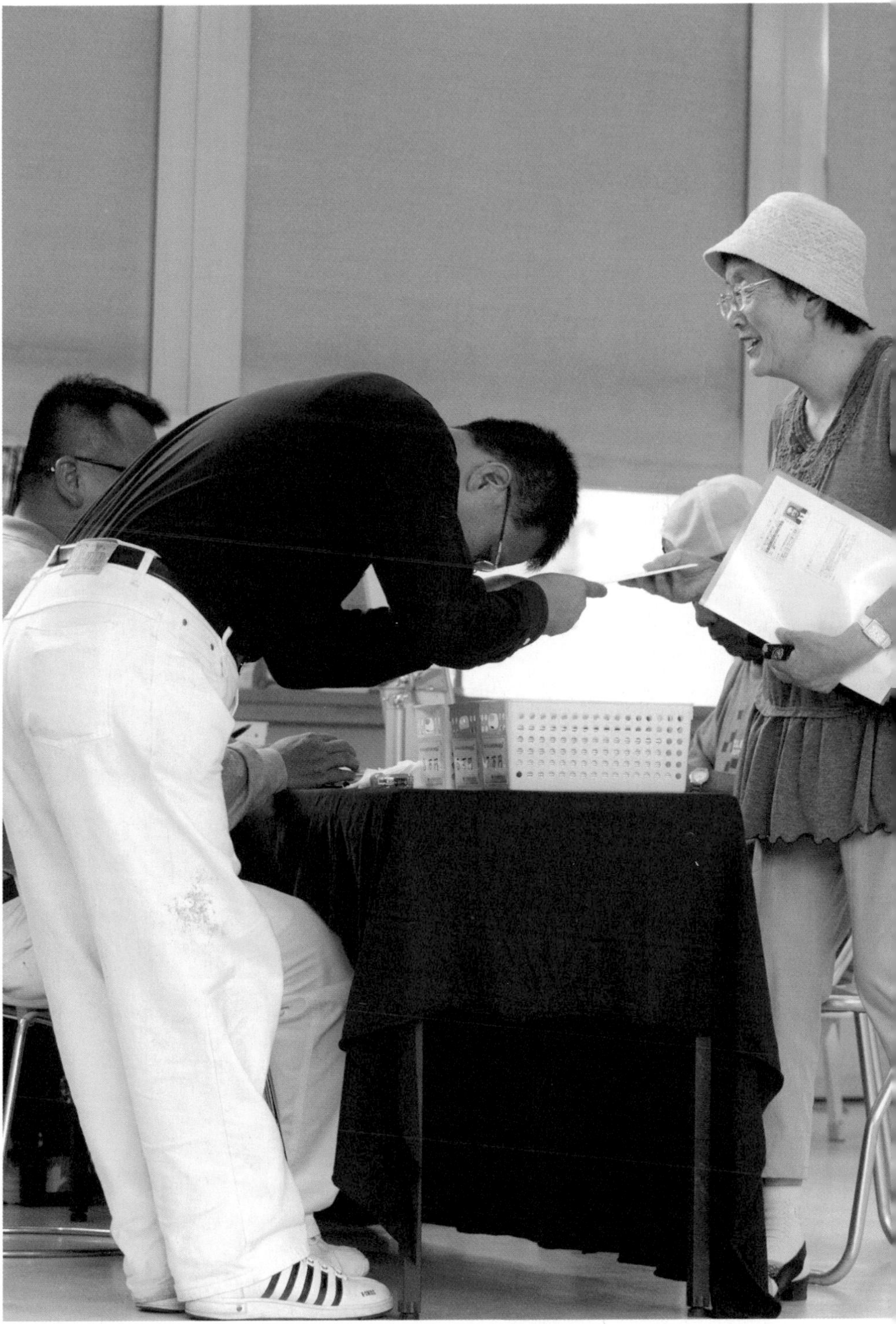

期待杜鵑盛開

六月，杜鵑盛開的季節。災區沒有杜鵑，有的是一片又一片裝飾美麗瓦片的屋頂浮沈在海面上；來不及清理的漂流木、泡水榻榻米、扭曲的鮮紅小貨車……遠方一片白色雛菊，在風中無言飄搖，像是在弔唁著這場災難。

攝影／黃世澤

發放時間：二〇一一年六月九日～十二日

地點：岩手縣陸前高田市

撰文／張晶玫

出了東京羽田機場，走在日本街頭，覺得腳步輕飄飄的，沒有聲響；我以爲是飛機上那一陣亂流的擾動所致，但是接下來的日子，我仍是走路像貓。我困惑了，因爲那不像我。

直到站在岩手縣陸前高田市的土地上——經過海嘯重創後，學校操場踩起來像沙灘，細細碎碎的。我才明白，那看似使不上力的雙腳，其實是不敢用力踏在這塊令人心痛的土地上，「走路要輕，怕地會痛。」證嚴上人這句耳熟能詳的話語，此刻竟是如此令人心酸。

六月，杜鵑盛開的季節。災區，沒有杜鵑。

海面上，有著美麗瓦片的屋頂浮沈著；原本橫亙在海灣與漁村間的壯觀堤防，被海嘯衝破碎裂成數大塊橫陳著，分外悲壯。

陸前高田市，從海岸往內陸綿延數公里，依舊是三個月前海嘯退去後的景象。原本應該是住家的地方，成了一窪窪泥水塘；殘留的房屋地基，空蕩蕩地躺在不堪的大地上；還有來不及清理的漂流木、泡水榻榻米、扭曲的鮮紅小貨車……我們只能從一堆又一堆的殘骸，試圖拼湊著已經離去的人們曾經有過的生活。

車子行駛了半個多小時，卻像是原地打轉——放眼望去全是相似的廢墟；足見陸前高田市受災範圍之廣。海嘯甚至衝向了山壁，山上林木間到處掛著破布條及塑膠袋。土壤的鹽化，讓成群杉樹變得枯黃，然後很快地死去。遠方一片白色雛菊，像是在弔唁著這場災難，在風中無言地飄搖。

「慈濟能為日本做什麼？」

超過兩萬三千人口的陸前高田市，失蹤或罹難人數達一千七百九十五人，居岩手縣之冠，連市役所也淹沒在浪潮下，職員多數受災。考量他們堅守崗位、也顧及他們的尊嚴，在正式

陸前高田市距離廣田灣不到一公里的松樹林，因受到海嘯侵襲導致土壤鹽化，松樹開始出現紅化枯死現象。

（攝影／黃世澤）

連鎖超商在災區開張，以低於市價的標準，提供民眾採購日常生活用品；超商也僱用受災居民當店員，提供他們就業機會。

（攝影／黃世澤）

發放前一天，我們先到市役所致贈見舞金。

二十四歲的菅原綾子是健康推進課職員，她不願回想過往，因爲很多同事往生了，只要看到他們的照片就會掉淚。她說東西都被海嘯沖走了，災後迄今，日子過得很辛苦：「這筆見舞金，能讓我過得比較安定。」

小松是消防士，談到那場大災難，他先是苦笑了一下，然後淡淡地說：「我的財產全沒了，這筆錢對我來說很珍貴。」

財務課長熊谷正文也受災，但鋪天蓋地而來的救災工作，讓他無暇顧及自己的感受和損失。提起災後第二天沒東西吃，第三天吃到麻糬、第四天飯糰、第五天麵包……直到現在，才終於有安定下來的感覺。

救災工作讓他瘦了不少、頭髮也白了很多，但黝黑的臉龐藏不住熱情的雙眸，回答問題的聲音開朗宏亮，只是手機一直不停響起。他表示對慈濟有著很深的感動：「從來沒有看過一個團體像慈濟這樣，爲了做好賑災工作，來來回回災區這麼多次。我知道見舞金是來自全世界的愛心，我代表全體市民向慈濟道謝。」

促成慈濟在災區發放的關鍵人物之一，正是熊谷課長。災後他積極爲鄉親籌募資源，協助慈濟於三月下旬致贈食物、毛毯等物資給市內八個避難所，獲得市政府及民眾的信任和感動，才會有這次見舞金發放行動。

企畫部課長菊池滿夫表示，許多團體和他接洽救災事宜，慈濟是其中之一；但即使看到慈濟在印度洋海嘯後所做的援助，他仍存疑：「慈濟能爲日本做什麼？」在溝通過程中，志工的眞誠，是市政府最終信任慈濟的關鍵。

菊池感慨地說：「我老了，不重要了。重要的是下一代，要把每個孩子都當成自己的孩子，讓他們將來都有工作做。所以，要把過去忘掉，才能把希望延續下去！」

「地震前，我是戶長」

八十五歲的管野洋三，年輕時曾是優秀田徑選手，從不認輸；海嘯捲走他五間房子和船隻，倖存的他表示：「人要懂得捨，現在連吃飯都抱著深深感恩。」

（攝影／蕭耀華）

高田町總共有十七個區，畫分複雜，很多人不知道自己住家屬於哪個區，影響發放資料的核對。菊池知道了志工的難處，特別請復興對策局的堅伸也協助確認。

堅伸也的頭腦就像電腦，只要看一眼地址，就能說出正確的區別；他鎮日坐在查詢區，隨時解決問題，讓發放進行順利。堅伸也的母親在海嘯中遇難，但他堅強起來，堅守崗位協助鄉親。志工感恩他猶如「有求必應的菩薩」，但他說這只是本分事，也感謝志工對他的關心。「現在母親的骨灰安放在家裏，我還可以思念她。」

前參議員佐竹來到會場領取見舞金，賑災團和他再次相見，彼此心中百感交集。原來，是他引薦慈濟到陸前高田市洽談發放事宜，這分情誼讓志工很感念。佐竹向志工雙手合十，數度落下男兒淚，一句話也說不出來……

天災，讓生命變了調，就像一位居民所說：「地震前，我是戶長；地震後，死了那麼多親人，我什麼都不是了！」

發放現場，志工一句又一句情感充沛的問候語，惹來愈來愈多的笑臉和眼淚。鞠躬、彎腰，我向每一個人行禮如儀，卻覺得腰不痠、背不疼，像身處一團又一團柔軟的棉絮中。

一位微駝的老人準備離去，已走到門口，突然定了腳步；志工正想上前攙扶，沒料到他一轉身，脫下了帽子，向所有志工九十度深深一鞠躬；陽光在他後方，將他形成一幅剪影……眼淚跑在快門之前，我來不及將剪影留在相機裏，卻刻在心版上。

志工搭車準備離去時，一位老人從自家跑了出來，不停地揮手，抹著滄桑的臉，哭了起來……此刻，不讓眼淚跑在快門前，我告訴自己：「回臺灣再哭！」

這一路上，六十九歲的志工林勳守護裝著見舞金的紙箱，而且隨身掛著一個哨子，以防萬一。他說：「最好永遠都不要用到。」他一遍又一遍算著箱子裏見舞金的數目，還是不太放心；他不好意思地對我說：「人在哪裏，錢就在哪裏；這是全球人的愛心，我一定要把它顧得好好的。」

他做事認眞，有口皆碑，在日本分會大家稱他「玻璃師兄」，因爲他總將會所大門的玻璃擦得晶亮。來日本四十五年了，他沒遇過這麼大的地震，當下以爲世界末日要到了；電車停駛，他和太太林秋里騎了十公里的腳踏車抵達分會，協助提供徒步返家的民眾熱茶及休息處。

發放結束，林勳終於可以將哨子拿下來了；他把我喚了過去，將口袋裏另一個備用哨子放在我手心，送給了我，並且交代：「這個哨子，一次都不能吹喔！」我，無法回到臺灣才哭。

回到高雄第二天清晨，先生問我：「你有聞到棉被上陽光的味道嗎？我特別拿去曬的。」我點了點頭。

窗外，天空藍得耀眼；我期待有朝一日，能見到陸前高田燦爛陽光下的六月杜鵑。

日本各級學校新學期通常在每年四月的第一週開學。災後，陸前高田市許多學校毀損，為讓孩子們盡快回歸校園生活，地方政府全力解決校舍不足問題，讓全市學校在四月二十日開學。

（攝影／黃世澤）

許多組合屋搭建在校園裏，孩子們在克難的遊樂場玩耍，只消一人一根繩索，就樂開懷。

（攝影／黃世澤）

展開不可能任務

在日本大規模發放現金，幾乎是不可能的任務。但災後三個月，仍有許多人在避難所克難生活，志工不忍、不捨，克服萬難達成任務。

攝影／蕭耀華

發放時間：二〇一一年六月九日～十二日

地點：岩手縣釜石市、陸前高田市

撰文／李委煌

岩手縣釜石市災害對策本部外，一大清早即出現來領見舞金的人潮。有人輕聲說：「反正沒工作、沒事。」大家穿戴整齊、舉止禮貌，自行形成隊伍，多數時間靜翻刊物，連交談都罕見。

一早豔陽便露臉，志工擬置放椅子讓民眾休息，但當地政府婉拒了這個想法，「別擔心，排隊是日本人的本事。」七時許，一陣地震搖晃，異常安靜的隊伍裏，才難得傳出幾句驚呼聲。

發放現場　真心交流站

災後，居民們四散避難，如今在這兒相會，發放現場成了聯繫交流平臺——理髮店老闆、司機、老朋友……死裏逃生的重逢，再大的驚訝也化爲淡淡的頷首微笑，彷彿是種由衷的歡喜與祝福，一種完全了解彼此遭遇的會心。無論握手或擁抱，大家依舊維持著輕聲與靜默。

穿著端莊素雅的佐藤美惠子，上午與兒子剛參加了一場告別式，下午前來領取見舞金。「下週，還有另一場告別式。」海嘯帶走她六位親人，先生的遺體五月初才找到。客氣的她頻拭著淚，直說：「不好意思，接受你們這麼多錢……」

釜石市在日本鋼鐵業發展曾扮演重要地位，全國皆知的新日鐵公司鞏固了它的地位；但隨著鋼鐵廠結束，釜石市從全盛時期的九萬人口降到如今不到四萬人。

在新日鐵工作屆滿四十年，伊東信一在釜石擁有面海背山、清幽美麗的宅邸，退休不久更花了三百多萬日幣買艘遊艇，打算開展悠閒樂活。

海嘯襲來，他所居住的鵜住居町根浜地區首當其衝，五百人罹難，超過全市罹難人口的二分之一。保住性命卻失去所有，排隊領取見舞金時，他其實帶著怨恨。

志工森元雅琴看出他的情緒，聽他說完自己的故事後，輕聲對他說：「當有一天闔上眼，這些東西即便沒流失，也是一樣都帶不走的……家人平安，就是最大的幸福。」

災後二十天，大衆交通服務陸續恢復，釜石市仍滿目瘡痍，垃圾被推往路兩旁讓出車道；居民遷往避難所，公車乘客稀少。

（攝影／蕭耀華）

ISUZU
一般乗合
出口
EXIT
NBA
会員章

簡單的道理，卻讓他想通了！他穿起志工背心，開始服務鄉親；換個心境換個角色，他發覺自己的有福。

災難造成日本東北與關東地區超過一萬九千人瞬間消失的事實，讓人心情低落；無論身在避難所或組合屋，還是得打起精神領取見舞金來支應生活。

慈濟連續四天在陸前高田市及釜石市進行第一梯次見舞金發放，共六千六百九十二戶領取。他們願意走出來，甚至分享自己的心事，志工深刻了解，這需要多麼大的勇氣。

當志工合十彎腰送他們離開時，往往見他們帶著激動的淚水或羞澀的微笑，那或許是鼓起勇氣跟志工傾訴遭遇的釋懷，也或許是獲得眞心鼓舞的振奮。

陸前高田市居民金野城一，膚色黝黑、頭髮散亂的東北農民模樣，他種稻、做麵，習慣粗活的雙手卻相當靈巧，他帶了手工紙卡片，在發放現場親筆寫下「感恩」送給志工；「現在我只能做這個回報你們了。」

釜石市在海嘯中罹難與失蹤人口計一千零四十六人。災害對策本部的牆面上，貼著罹難者名單。

（攝影／黃世澤）

著有《驚異の仏教ボランティア（令人驚奇的佛教志工）》一書的天理大學金子昭教授，長年研究慈濟議題，專程從大阪搭機來到發放現場觀察。他認爲，來自國外的民間團體，能這麼大規模地發放現金，對釜石市、陸前高田市來說，肯定是第一次。

金子昭教授說，東北人生性謙卑、純樸而不擅表達內心感情；他看到有居民領完見舞金後，隨即換上志工背心服務鄉親。「如果不是對慈濟印象很好，他們不可能會這麼做。」

避難生活　重重考驗

大震災屆滿百日，仍有九萬多人住在避難所，他們多半已經申請組合屋，但興建速度不如預期，只能持續等候通知入住。岩手縣至少就需要一萬八千戶，其中釜石市預計蓋三千戶，目前僅完成一千多戶。

老弱婦孺殘疾者得以優先入住。一對在組合屋開始新生活的

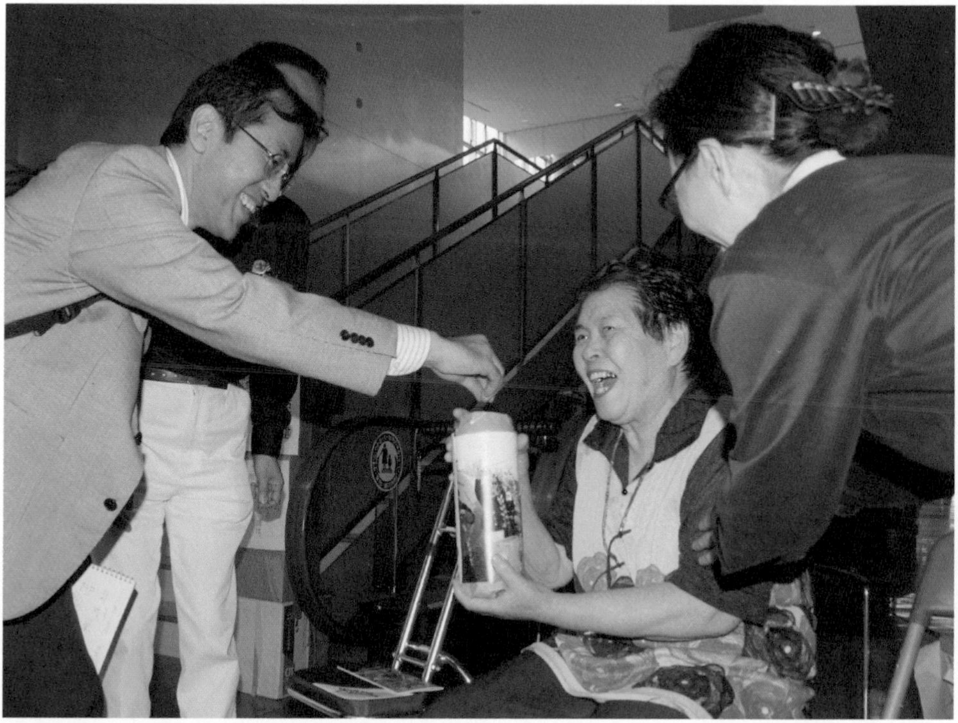

永遠帶著笑容的「太陽阿嬤」和田乙子，領取見舞金後加入志工行列，手捧紙撲滿向鄉親募愛心；特地從大阪來觀察慈濟發放的天理大學教授金子昭，歡喜投入善款。

（攝影／古繼紅）

八旬高齡老夫婦，很滿意整體環境，「洗澡、上廁所是乾溼分離式的，很方便。而且我腳不好，去就醫也不遠，買東西搭車十五分鐘就可到。」老太太說。

來到一處避難所，居民多來自釜石市兩石町，災後遷移三次才來到此。一位老先生說，之前住的避難所擠得像沙丁魚，每人只有六十公分寬的空間，只能貼著身側睡。

兩石町靠海，白天男人們外出參與以工代賑的漁港清理工作，婦女們留下張羅食物與打理生活瑣事。澤口太太說，六月梅雨季結束後就入夏，三月時領到的厚毛毯已不適用；當然有錢也可以自行購置夏天衣褲，但生活在避難所總沒有那麼方便。

與他們比鄰的另一間避難所，居民來自釜石市區，多半失去親友，因此氣氛特別不同；他們以一米多高的硬紙板隔成區域，各自封閉在紙牆之內，互動極少。

根據厚生勞動省統計，受災最重的宮城、岩手、福島三縣，截至二〇一一年五月底失業人數逾十一萬人，是去年同時期的二

災後近百日，釜石市仍有許多受災民眾住在避難所；他們多半帶著失去親友的傷痛，用紙板、紙箱彼此區隔，互動極少。

（攝影／林炎煌）

Yurtec

點四倍，預料許多社會問題將會陸續浮現。

市長野田武則說，待組合屋興建完成，政府就不再提供免費物資，鼓勵大家自力更生；市府將把重心放在擴大就業需求，儘早安定居民生活。「整體重建完成，預計需要十年。」

災後現象　改寫歷史

當慈濟賑災車輛駛進陸前高田市，來自臺灣嘉義的志工葉麗卿整個心顫抖起來——熟悉的海邊餐廳、原本打算住宿的飯店，如今都毀了。

葉麗卿從事汽車材料貿易三十年，每年至少拜訪日本兩、三次；二〇一一年元月首次來到東北，在陸前高田市會見客戶後，順道走訪了古寺、泡傳統溫泉，此行令她記憶深刻、懷念再三。「冰雪覆蓋大地，不受污染，風景好美！原本我還打算三月份再重遊一次……」

多座核電廠在海嘯中受損，被迫關閉，加上許多電力輸送設施毀損，造成全日本約四百六十六萬戶停電。災後，電力公司全力搶修，以盡早恢復供電。

（攝影／黃世澤）

她簡直不敢想像若真的成行，會是什麼樣的命運？當時會見的客戶村上先生，兒子的遺體在災後一週被找到，翌日村上先生也被證實罹難，太太迄今仍失蹤……村上家只剩一位女兒在東京，葉麗卿和朋友趕緊集資幫忙。

陸前高田是個濱海漁村，人口兩萬三千多人，三千三百棟房屋遭海嘯摧毀，如今熱鬧繁華的市中心只剩下泥土、黃沙與瓦礫，成了名副其實的「死城」。葉麗卿感嘆：「大地的反撲，完全無法預期；災難是否會發生在我們身上，也難以得知。我真正見證了『無常』。」

對長年旅居東京的志工李素萍而言，東北災區之行，震撼她的是「沒想到有那麼多熱血青年自願投入救災。」一群年輕人跟公司請假、自付交通費，並帶來雨鞋、口罩、工作褲等裝備，在災害對策總部集合，今天將前往菊池太太開設的酒吧打掃。

酒吧位於二樓，海水沖毀了吧台等各種設備，只有兩尊神明完好無損。「是否神明要我再站起來？」因此，她打消放棄的念頭，向災害對策總部申請志工協助打掃，希望七月市區恢復供水供電時，酒吧能夠再度開張。

災後成立的全國性「社會福祉協議會」，是個民間非營利組織，在各地都有支會，負責調度志工支援災區需求。釜石市社福協會成員佐佐木英之說，神奈川、山梨等縣的協會成員每週十人來輪值支援，目前已超過十五梯次了。

無論在釜石或陸前高田災區，不時可見到全國各地志工前來，將自己的熱血灑往各個角落，這股來自民間的理想與熱情，默默支撐著重建的腳步。

長年旅居日本的作家劉黎兒說，日本至今稱二次世界大戰後為「戰後」，「但從二〇一一年三月十一日起，日本的歷史就進入『災後時代』了，『災後』，將成為一個專有名詞。」

災後，將是什麼樣的新生？來自本土的力量、全民的互助、國外的關注，將成為寫下這段歷史的關鍵。

鄉親們 Ganbaro！

就像是久別重逢的聚會日，鄉親在此懷念以前的生活、懷念老鄰居，共同夢想在老地方重建；彼此緊握雙手說：「我們以後還要在這條街見！」

攝影／林炎煌

發放時間：二〇一一年七月十六日～十八日

地點：岩手縣大槌町、山田町

撰文／陳怡伶、許麗香、林美雲、陳秀玲

一陣強烈搖晃過後，岩手縣大槌町町長加藤宏暉立即召開應變會議；卻不知道同一時刻，一公里外的太平洋上，滔天巨浪正急速衝向陸地、衝向他們所在的公所大樓……

「我目睹三十多位同仁被大浪沖走，包括町長在內。災後那一個多月，我一邊工作一邊掉淚，始終無法安眠。」大槌町代理町長平野公三，那段時間日夜奔走救災，不曾回家探望妻子。這場災難，使他切身感受到身爲一個公務員的責任。

有一百五十多年歷史的大槌町，位於岩手縣上閉伊郡，濱臨太平洋，以水產業爲主，人口一萬五千多人。海，自古以來是大槌町人生活的依靠、心靈的支柱。

如今海水無情，讓長久依靠它的人們失去了一切，罹難和失蹤者有一千兩百八十二人，以年輕人居多；目前町內六十歲以上的老年人占多數，內心有著難以癒合的創傷。

四個多月過去了，海水依舊漫淹在陸地上，所有公共設施都必須重建。學生在附近青少年中心臨時校舍繼續課業，可預料的是，這一、兩年的情況勢必不安定；這也是平野公三最擔心的，迫切期待找到合適的建校用地。

「每個町有著不同的文化及歷史背景，重建，就得從在地特色出發。大槌町如果沒有『海』，一切都無法談起。」平野公三遙望長空呢喃。但，哪裏才是長居久安之地呢？

戒慎虔誠　建立正確防災觀念

大槌町的大槌小學校，一樓處處是浸水的痕跡，二樓以上則留有火燒過的黝黑；可以想見強震海嘯引發的大火，當時是如何吞噬這片土地！

七月中旬慈濟基金會以此為據點，致贈住宅受損的居民見舞金。三位小學生跟著親人前來領取，詢問能否上樓看看自己的教室？因為災後他們就不曾回來過。五年級的村上夕芽以及二年級的村上悅子小姊妹說，災後有段時間她們總是驚恐難眠，「很怕

發放現場的桌上放著平安吊飾，代表對受災民眾的祝福。

（攝影／吳慈涓）

睡熟了，海嘯來了怎麼辦？」

大槌小學校在接獲海嘯警報後，師生迅速往高處移動，只有三位被家長接走的孩子，不幸在逃難過程中罹難。

「那三個孩子，就是我的孫子，八歲的孫女長得特別漂亮可愛；他們和我的女兒連同車子被捲到海裏，遺體在半個多月後漂流到學校附近……」從那天開始，三浦美惠子天天在校門前的石碑放上鮮花，表達思念。

「大槌町是一個有山有海，很美的城市。家鄉人無論到哪去，都喜歡回到此地。」三十二歲的四戶直紀，是大槌町市役所職員，協助慈濟志工核對領取者的身分。

他說，去年也有一次海嘯警報，但只有五十公分高，或許因此讓大家掉以輕心；三月十一日地震剛發生，市役所同仁忙著收集著災情和警報，沒有及時撤離，「留下來商討對策的都是幹部，三十多人被海嘯捲走。」

被捲走的包括剛從釜石回來、才進市役所會議室十分鐘的四戶直紀在內。不會游泳的他，在水中載浮載沈，就在氣力將耗盡時，漂來一片屋頂，他趴在屋頂上隨水漂流，幸運抓住一個馬達站的欄杆。寒夜冷風中，他一直告訴自己不能睡著……經過一天一夜，終於被救難隊救起。

奇蹟似地活了下來，但跟他相依爲命的父親卻罹難了。面對生命的至痛，四戶直紀和同事間少有談論，壓抑在心底，化爲一股拚命做事的力量。當他協助慈濟志工爲町民服務時，他觀察到鄉親們都很高興，因此他很感恩慈濟人的付出。

愛與關懷　直達受傷心靈

與大槌町相鄰的山田町，慈濟也同時在此致贈見舞金。來自臺灣和日本的一百零九位志工，從東京遠道而來，在鄉親等候時間，現場帶動改編爲日文的慈濟歌選〈愛與關懷〉。

一位奶奶表示，一進場聽到這首歌，讓她有很深刻的感受——回想起海嘯來的那一刻，先生抓著她的手，頭也不敢回、沒命地往前跑；就如歌詞中所說的「用愛將心相繫」（編按：中文歌詞爲「世界充滿著愛與關懷」），這首歌唱入了她的心中，也更珍惜人與人之間的情感。

看到七十四歲的芳賀陽子很認眞地跟著唱，志工半田蓮美遞上麥克風讓她抒發。「四個多月來，第一次唱歌……本來沒有心情唱，今天唱一唱，心都放下來了！」芳賀陽子寬心之情溢於言表，她說：「今日就像做夢一樣，感覺特別幸福！」

災後曾經連吃一頓飯都不可得，現在芳賀陽子借住親人家，她說慈濟見舞金對她的生活有很大幫助。「你們就像家人，我完全感受到了你們的溫柔！我會堅強活下去。」始終展開笑顏的她對志工說：「雖然我年紀大了，但是有朝一日，我想到臺灣看看你們！」

四十九歲的湊厚子領完見舞金後，特別叮嚀來自四面環海島嶼的臺灣志工：「千萬不要像我們低估海嘯警報，才不會造成如

在大槌町大槌小學校，排隊領取見舞金的阿嬤頻頻拭淚，她說：「不是因為傷心，而是感動。」

（攝影／池田浩一）

此大的傷亡。希望日本是最後一個因海嘯而受災的國家！」

湊厚子的女兒是高三學生，也是帆船社的一員，當資深的帆船社管理員遠眺到大浪，立即告訴她海嘯來了，她趕緊通報師生逃離；不僅如此，她還拿著擴音器往近海方向跑，沿路喊了十五分鐘，才折返往高處逃，盡全力警示大家海嘯來襲。

山田町長夫人佐藤愛子領完見舞金，志工呂瑩瑩握住她的手、輕拍她的背說：「辛苦了，讓您久等了。」她的眼淚掉了下來：「我一早就來排隊，看到很多穿著藍色衣服的志工，每個人都態度親切、面帶笑容。很感謝你們遠從臺灣來幫助我們……」

呂瑩瑩安慰她：「我們是帶著全球三十九個國家的愛來的，你們一定要堅強，對未來有希望！」

調適心靈　不輸給海嘯

根據統計，在東日本大震災中失去住所，或因福島核災事故

像是重生後的相聚，領取見舞金的鄉親彼此噓寒問暖，甚至激動擁抱。差點被海嘯淹沒的女嬰海心，可愛笑容為現場帶來歡樂。

（攝影／蕭耀華）

而撤離到他處生活者，高達十萬人；災後四個月，仍有兩萬四千人住在避難所。政府規畫興建逾五萬戶組合屋，已完成三萬七千戶。

大槌町八旬獨居婦女大野紗田住家全毀，輾轉居於避難所和親友家，六月中旬搬進組合屋。她說，販賣車會載送生活用品等到組合屋社區，但供應量常不足；目前她的難處並不在物質生活，而是常常擔心地震再來，即使三更半夜感受地面震動，也會驚嚇得爬起來。

「每個人都如此，不是只有我。」她明知忘不了同一件事情是很糟的狀況，但暫時還是無法克服。她每週會去日托中心兩次，和老朋友訴一訴心情，讓情緒有所抒發。

八月盂蘭盆節即將來臨，在這個慎終追遠的日本傳統重要節日，大野紗田打算將部分見舞金用在祭祀。「要活久一點，才能供佛、爲祖先供花，」她堅定地說：「我不要輸給海嘯！」

山田町一位八十一歲的老奶奶說，海嘯衝進屋內，強大的水力撕碎她的衣服，她拚命爬到屋外的高處，看到自己衣冠不整、狼狽不堪，隨手抓了報紙遮掩身體；當第二波海嘯衝來，「我往下看，看見鄰居一個個被沖走，我哭喊著卻來不及救他們，非常難過。」

「後來我逃到女兒家，每天夢見一群鄰居走在霧茫茫的海上，對著我喊：『我們看不到回家的路，這是什麼地方啊？快來救我吧！』這樣的夢一直持續兩個多月。」

老奶奶目前最大的期待是安居之日到來，「女兒已經結婚，住在她家生活起居不方便，希望能快些住進組合屋。」

領取了見舞金，老奶奶離開前告訴志工：「明天是集體法會，我會去參加，紀念我的鄰居及親朋好友。」

前山田町議會議長田村剛一說，在避難所時期，吃、住、水電都不用錢，如今鄉親陸續搬進組合屋，開始過自立的生活，慈濟的見舞金對他們來說很重要，「我們能體會這筆錢代表著全球慈濟人的愛，更感謝你們親切的態度。」

一九九九年臺灣九二一大地震，自日本趕來的救援隊，夜以繼日在重災區殘垣中找尋倖存的希望；因爲餘震，他們時而閃身、時而再站上瓦礫，直到深夜時分仍不放棄。當時在旁準備供應熱食的慈濟志工周錦求，被這情景所震懾，那盞明亮的探照燈光，刻印在她心靈深處，「如果有機會，一定要回報。」

十二年後的此刻，當她走在東日本災區，映入眼底的殘破屋瓦、受到海水浸泡而日漸枯黃的樹枝無言伸向天際，就像受災居民的孤獨一般；她感觸很深，也想告訴所有受災的人：「有愛就不孤單。」

大槌町民情純樸，隊伍中常常看到鄉親彎腰相互噓寒問暖，也有許多擁抱的激動。災難後各奔西東，比鄰而居的鄉親，在前來發放現場的巴士上，才確認彼此的生命仍然延續，淚灑現場。

代理町長平野公三整天守候在現場，不間斷的人潮中，不時有鄉親跟他打招呼，還有三十年沒有聯絡的朋友突然走到他面前致意，更讓他眼眶泛淚。他說，今天大家能在這裏相見道平安，是始料未及的。

七月十八日正午陽光普照，連續三天發放順利完成，平野公三抿嘴忍淚，彎身向志工致謝。「這樣的氛圍，令本人及鄉親深切感受到慈濟的溫暖與愛，這絕對不是金錢多寡所能衡量的！請大家一起爲一千兩百多位受難者『鎮魂』，同時爲他們家人撫平內傷！」

心心相惜

災後一百多天，慈濟致贈見舞金的行動從岩手縣延伸到宮城縣；手與手之間傳遞的不只是一份現金，更是心與心的相惜。

攝影／張清文

發放時間：二〇一一年七月二十九日～三十一日
地點：宮城縣氣仙沼市

撰文／胡青青

清晨七點還是霧氣濛濛，九點過後氣溫卻直逼攝氏三十度；氣仙沼市東北方唐桑區的本吉圖書館外，已經排起人龍。

一頭俐落短髮的佐藤奶奶，看到慈濟志工滿頭汗水、來回穿梭引導，隨即掏出手帕，仔細摺好遞到志工手上。志工輕揮著手說：「奶奶，不用啦！我會把您的手帕弄髒。」奶奶毫不猶豫地伸長手，爲志工擦去臉上的汗水。

七十歲的佐藤奶奶一家三口在避難所住到六月下旬，搬往唐桑區的組合屋。海嘯警報響起時，她跟先生帶著高齡九十三歲的婆婆往高處跑；途中，婆婆摔斷了手臂，苦等一天一夜大水退去後，他們好不容易才穿過殘破零亂的市區來到醫院。

小小院區擠滿傷患，醫師疲於奔命。「我們躺在髒污的地板上過夜，幾天後終於等到醫師，給予簡單的診治，就說可以走了。」佐藤奶奶的語氣中盡是無奈。

幸運的是，婆婆的手如今雖然還有些腫脹，但已經可以端碗吃飯；佐藤奶奶也打算重新開張理髮店，她笑中帶淚地說：「這些日子來，緊繃的情緒一直找不到出口，有你們的愛，我會更有勇氣面對未來。」

失業問題　復建隱憂

氣仙沼市人口超過七萬三千，是日本最大的魚翅生產中心，有「魚翅之都」稱號，也是日本東北遠洋船隊聚集之地。海嘯席捲一切，油槽傾倒爆炸，燃燒物漂流引發全市大火，超過一萬戶房屋全毀和半毀。

歷經地震、海嘯、烈焰焚燒等複合式災難，讓魚翅之都全變了樣；估計有八成公司受損、高達九成公司業務受影響。一些銀行、公司遷離此地，漁港至今仍沒水沒電，許多遠洋漁船轉往仙台等地卸貨。

據世界銀行（World Bank）估計，東日本大震災對日本經濟造成相當於新臺幣七兆元的損失；其中超過六成來自氣仙沼市的統計，足見此地災情嚴重性。災後一百多天，氣仙沼市依然可見傾圮破損的屋舍、堆疊扭曲的汽車、橫亙在陸地上的大型漁船。

海嘯沖毀冷凍倉儲，流散四處的各式水產及加工食品，因夏日天氣炎熱而腐敗，蚊蠅大量滋生，海鳥及烏鴉成群覓食。禽鳥的排泄物加上大量腐敗的水產，災後衛生堪慮；因爲環境不佳，估計有五千多人赴外地工作或生活。

世代居住在此的小野寺正道表示，三百多年來家族歷經五次海嘯襲擊，每次災後就將房舍挪往高處建設；但是沒想到海嘯一次比一次大，他位於半山腰的住所，這次還是遭到襲擊。一臉敦厚的他苦笑說：「我比別人幸運一點，只有一樓毀損，二樓勉強可以住人。」

海嘯沖毀他的兩間食品工廠，現在他應徵政府部門提供的建築工作，仍沒放棄重整事業的企圖心；但他心裏也清楚，漁港要有補給、維修等運作需求，大家才會有工作，也就是說漁船要進港，才能帶動當地產業。

遭受海嘯襲擊引發大火的氣仙沼市，不但房屋被沖走，港邊的水產加工廠、冷凍設備也全毀。

（攝影／林炎煌）

氣仙沼市就業人口原有三萬多人，此次因災失業估計達一萬人，比例之高，是復甦的隱憂。也因此眾議員玉置公良多次來到慈濟發放現場，感謝協助受災鄉親度過艱困時刻；然而讓他憂心的是：「因爲有來自各方的援助，短期間看不出居民的經濟問題；災後半年，失業引起的效應會漸漸呈現，這是政府急待解決的。」

每年六月中旬到十一月，是遠洋作業船捕鰹魚的季節，以往氣仙沼漁港有能力一次卸貨千噸漁穫量，如今難有此榮景。災前從事海藻養殖業的氣仙沼漁會委員尾形龜雄感嘆：「這附近的魚翅工廠及相關水產食品廠，都打算外移了。」

將近四千萬日幣的經濟損失，並沒有打垮尾形龜雄，八十一歲的他不想放棄。「這裏養出來的昆布最厚實甜美，四十六年來我就靠這個養家活口。」

在領取見舞金時，他被志工謙恭的身段與關愛所感動。「你們的愛讓我堅強起來，就算是從一小塊榻榻米的面積做起，我也會全力以赴！」

地層下陷　心境低落

災後，專家實地勘驗發現，從岩手縣到千葉縣的海岸線，普遍都有地層下陷問題，宮城縣尤其嚴重。

氣仙沼漁港即深受土壤液化及地層下陷所苦。市場下陷七十幾公分，海面比路面高，市場邊隨處可見高過路面的水塘。市府派出不少工人填高路面，但下起大雨或農曆初一、十五大潮時，海水仍會倒灌進港區的住家及街道上。

小松拓治郎來自氣仙沼市外海的大島，擁有一家壽司店，海嘯摧毀他的店面和住家，他也從一個皮膚白皙細緻的壽司師傅，變成黝黑粗糙的打撈志工——駕著船、拿著漁網在海面打撈被沖入海中的物品，希望能找到失主歸還。

小松拓治郎說，三年前消防局到村中舉行演習，提及未來三十年有高達百分之九十九機率會遭遇超過六公尺的大海嘯；村民早已備妥急難背包，在三一一海嘯警報響起的第一時間，就火速逃離。他突然低聲說，雖然全村獲救，但很多人瞬間失去一切，生活沒了希望而走上絕路。

悲慘的遭遇比比皆是，許多人壓抑著情緒，災後迄今仍不敢訴說。他看著來自臺灣和東京的慈濟志工，在發放現場關懷市民，志工的微笑彷彿觸動他們脆弱的神經，不少人紅著眼眶，吐露心中的遺憾和對親人的想念。

即使發生的事情無法改變，但說出來後心情舒暢許多。小松對不懂日語的志工說：「雖然言語無法溝通，但是眼睛對眼睛、心對心，我了解你們對我們的關懷。」

家園危脆　人心堅韌

近午時分，一波波領取見舞金的民眾陸續湧入，負責翻譯及接待的志工人力愈形吃緊。一位身形高大、頭紮毛巾的年輕人走進會場詢問：「我可以跟你們一起做志工嗎？」甚為流利的中

為加快核發與給付流程，慈濟於氣仙沼市分四處進行發放；在區域文化交流中心，居民等候區後方掛著市區景物舊照，令人唏噓。

（攝影／蕭耀華）

文，讓接待組的志工瞪大雙眼。他懇切說著：「我能搬東西、也能幫忙翻譯……」

他是來自福岡的日高將博，在臺灣短暫就學期間認識了慈濟。三一一強震後他跟著義工團體進入災區清掃；七月下旬，他來到位於東京的日本慈濟分會，得知慈濟將於氣仙沼市發放，自費坐十個小時的巴士抵達災區幫忙。

無論是擔任引導還是日語翻譯，日高將博大小事都搶著做，甚至開車在受創嚴重的災區尋找無線網路，協助大愛臺同仁傳送新聞資料。他帥氣地笑說：「你們這樣幫我們，我更應該爲自己的同胞盡一點力。」

「大水沖走一切，大火再將僅有的燒掉。我的生命一下被掏空了。」在鹿折，志工與返鄉憑弔的齊藤信夫相遇，他指著幾塊燒黑的石塊說：「這是院子裏的造景石，是唯一留下的東西。」

他領著大家前往鹿折中學旁的成排組合屋小坐，娓娓道來。他從事森林保育工作，一輩子兢兢業業，十六年前老伴因病過

曾在臺灣就學的二十六歲青年日高將博，得知慈濟將於氣仙沼市發放見舞金，特地從九州福岡前來幫忙。

（攝影／蕭耀華）

世，兩個女兒陸續出嫁到北海道和青森，這個家就只剩他一個人，但他不寂寞，因爲相處四十幾年的老鄰居及同事，會相互照應。

急促的海嘯警報聲中，他奔跑在巷弄間敲著一家家的大門，背著、拉著一些行動不便的老人家逃往高地。當他逃到唐桑車站後方時，回過頭看到翻滾的黑水如巨獸般吞沒他的家園。

如今，坐在六坪大的組合屋中，他小心翼翼地打開隨身小包包，拿出一張有水漬、發黃的駕駛執照說：「海嘯後，我四十幾年的回憶只剩下這些……這是我最珍貴的寶貝。」而懸掛在老家牆上那張妻子的遺照，還是人家找到送往警察局通知他領回的。

他幾度哽咽語塞，短暫整理情緒後又侃侃而談。志工好奇問他，怎麼願意接受外人造訪？他從抽屜拿出見舞金及慈濟簡介，指著志工的名牌說：「昨天我把這些簡介全看了一遍，因爲你們是慈濟、是好人……」

他的家已被政府畫定危險區域，難以重建。「但我不想離開，無論政府以後有什麼打算，這裏永遠是我的家。」

齊藤信夫邀請慈濟志工到他的組合屋小坐，志工們好奇問他，怎麼願意接受外人造訪？他拿出見舞金表示：「因為你們是慈濟，是好人。」

（攝影／蕭耀華）

愛，讓世界更美

和煦的笑容、溫柔的肢體語言，給予心靈受創的人勇氣。一位鄉親說：「這分力量無形但堅強。只要有愛，世界就會很美！」

攝影／林如萍

發放時間：二〇一一年八月二十七日～二十九日
地點：岩手縣大船渡市、宮城縣南三陸町

撰文／高芳英

簡單典雅的小圓桌，一杯熱茶、一塊臺灣甜點鳳梨酥，這裏是大船渡市見舞金發放現場的關懷區，是慈濟志工陪伴受災鄉親傾訴內心故事的溫馨小站。

金野芙美子替小憩的民眾端來茶水，她並不是來自東京或者臺灣的慈濟志工，而是昨天領取見舞金的一分子。「原本今天約了要去看新房子，但覺得來做志工比較重要；而且明天你們就離開大船渡了，不知何時才能再相遇，要把握機會。」

從中國大陸天津遠嫁日本已近六年，先生的疼愛，讓金野芙美子熬過天氣的嚴寒、語言的障礙；沒想到海嘯打亂了幸福的家庭生活。「心愛的狗狗、剛買的車和兩間房子都被沖走，人生從頭來過，煩惱憂愁湧上心頭。因爲語言不通，我的恐懼找不到可訴說的對象……」慈濟人的笑臉、熟悉的語言，讓她感動得淚流不止。

「海嘯來時我正開車回家，沿路被海浪追著跑，差一點就來不及逃到住家後方的山丘上。」如今，每天從組合屋去上班途中，金野芙美子都會經過成爲廢墟的舊屋，心情依舊難以面對。

帶我們來到舊屋前約五百公尺的路上，左邊的中學校園堆滿廢棄物，前面原本清澈的小河，如今河床成了報廢汽車的墳場。「我從小在海邊長大，很喜歡海；可是海嘯過後，我再也不喜歡海了。」金野芙美子說，強震後大船渡沿岸地層嚴重下陷，不可能原地重建，將另覓他處安身。

得知見舞金是全球慈濟志工募來的愛心捐款，有滿滿的祝福，深受感動的金野芙美子翌日來到關懷區當志工，「希望將自己經歷過的苦與鄉親互動，讓同樣遭遇的人能破涕爲笑。」

受恩不忘的老人家

慈濟志工三月下旬首次進入東北災區，首站即抵達岩手縣大船渡市，致贈避難所居民香積飯、毛毯、披肩、衛生衣和堅果仁。當時，市役所基於救災事務繁忙，婉謝慈濟進一步關懷；直到七月底慈濟在東北多個市町完成三梯次見舞金發放，大船渡市

金野芙美子返回組合屋，將領取到的見舞金供奉在神龕上。她說：「日本的禮節是只要有人送禮物，就要先告慰祖先。」

（攝影／林炎煌）

役所主動提出申請，並提供詳實的災戶名冊讓慈濟發放。

領取見舞金的鄉親排成長龍。八十三歲的志田キヨ一早先到祖先的墓地，跟往生的先生及家人報告要來領慈濟的見舞金。她說，這輩子遭遇過三次海嘯，三一一大震災是最嚴重的一次。務農的她，失去了房子和農作，留下一片空蕩蕩的土地；擔任公職的兒子建議她將土地提供給政府興建組合屋，她不忍許多鄉親無家可歸，立即同意兒子的提議。志工讚歎她以智慧成就了不起的事情。

七十八歲的田中仁子奶奶與田中純平爺爺，房子全毀，被安頓在新山神社；由於位於高處，老人家進出不便，又轉往文化會館圖書館，直到七月中旬才入住組合屋。

逃難時，老夫婦匆忙間僅帶出眼鏡盒和身上那套衣服；水退後，奶奶回去找到了復健鐵衣。田中奶奶說：「臺灣送來的這筆見舞金，是災後領到的第一筆現金，我打從心底深深感動，會好好運用這筆錢支付生活費與醫藥費。」

得知他們的生活狀況，志工安排車輛陪伴返回組合屋。奶奶將志工贈送的鳳梨酥虔誠供佛、禮拜兩家族的祖先；接著小心翼翼從抽屜拿出報導慈濟發放訊息的報紙，告訴志工：「你們的恩情我不會忘記，將保存這份報紙作爲紀念。」

盡全力活下去

七十三歲、皮膚白皙的葛西美惠子，除了失去房子，姊姊和女兒的公公、往日婦女會好友等二十一人，都在海嘯中罹難，心苦難以言喻。

「這是人生的課題。我不想聽到很苦的話語，我喜歡聽光明面的話，所以很感恩你們很有禮貌、說的都是好話。慈濟致贈見舞金，讓我更明白大家要手牽手，才能走過困難與傷痛。」

當日文版〈愛與關懷〉的歌聲在場內迴盪，八十歲高齡、瘦高的佐佐木千枝子，淚水不停在眼眶打轉。「海嘯來得很快，一會兒海水就淹到我的脖子。我兩手緊抓著牆邊的固定物，腦中一

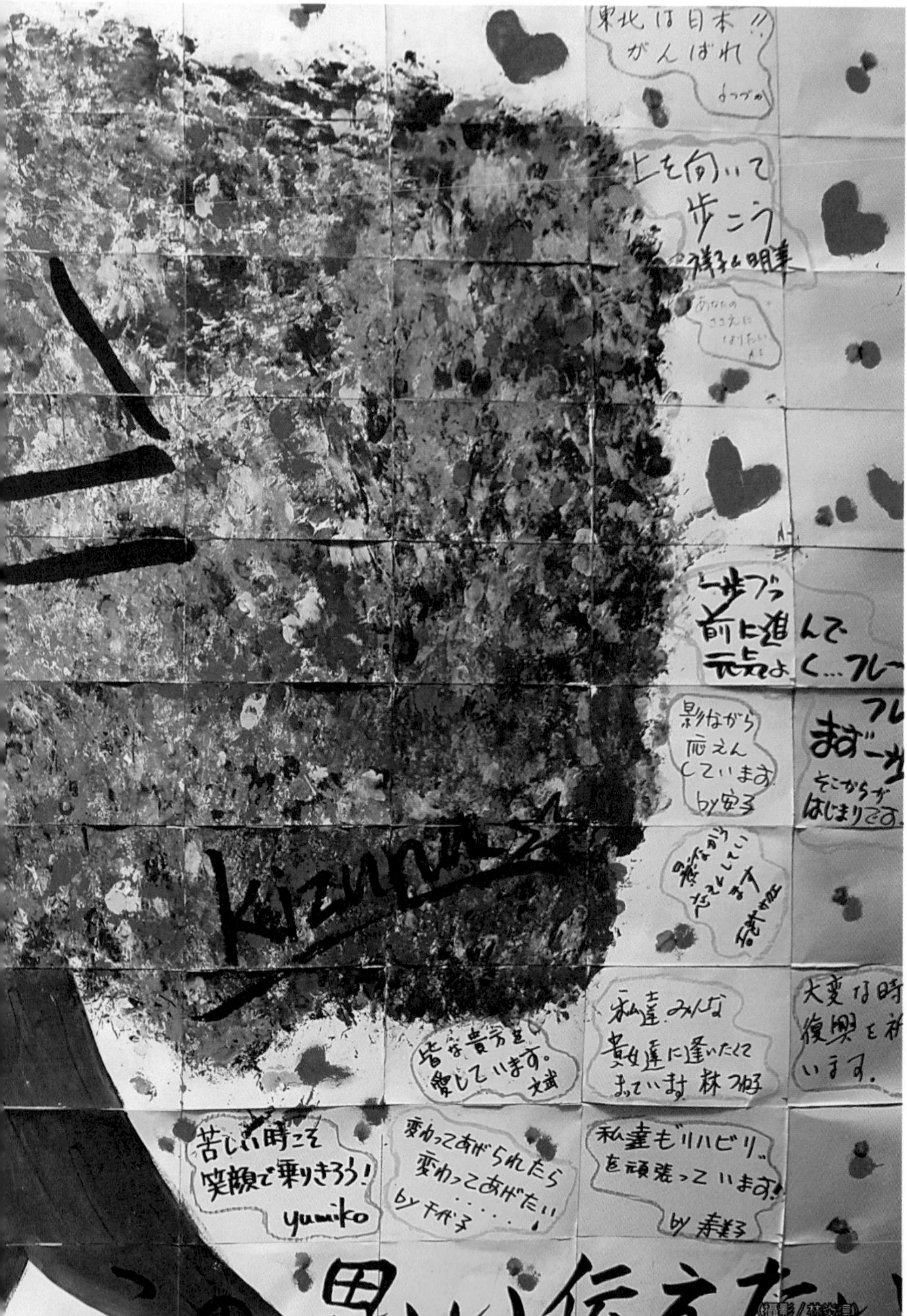
東北は日本!! がんばれ
上を向いて 歩こう
kizuna
苦しい時こそ 笑顔で乗りきろう! yumiko
変わってあげられたら 変わってあげたい!! by チヨ子
私達もリハビリを頑張っています! by 素美子
私達みんな 貴女達に逢いたくて まっています
皆な貴方を 愛しています。
影ながら 応えん しています by 安子
大変な時 復興を祈 います。
まず一歩 そこからが はじまりです。
この思い伝えたい
（撮影／林炎皇）

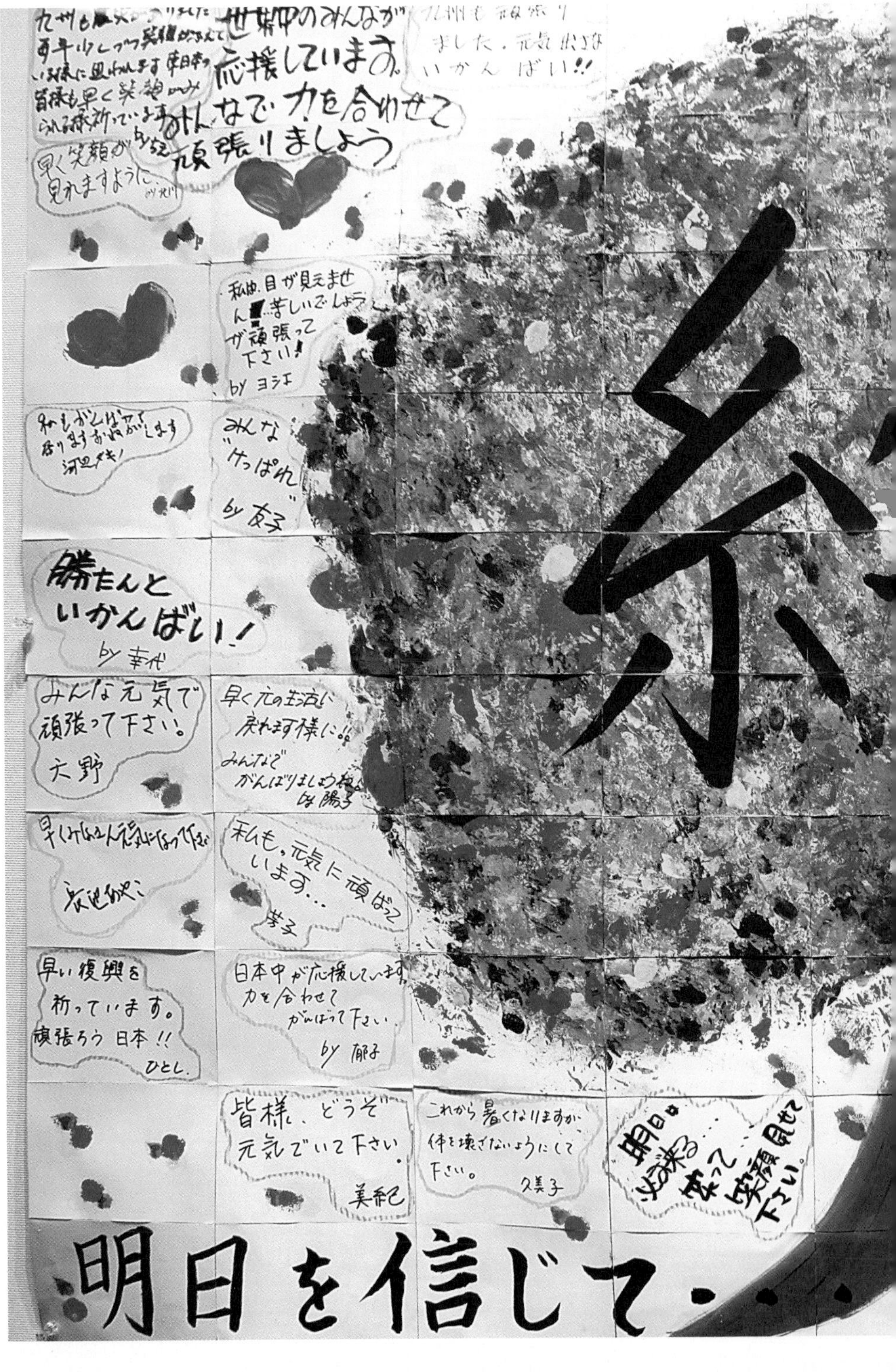
世界中のみんなが
応援しています。
みんなで力を合わせて
頑張りましょう
早く笑顔が見れますように。
九州も頑張りました。元気出さないかんばい!!
私は、目が見えません…苦しいでしょうが頑張って下さい!
by ヨシエ
みんな
"けっぱれ"
by 友子
いかんばい!
by 幸代
みんな元気で頑張って下さい。
大野
早く元の生活に戻れます様に!!
みんなでがんばりましょうね。
by 陽子
私も、元気に頑ばっています…
早い復興を祈っています。頑張ろう 日本!!
ひとし.
日本中が応援しています。
力を合わせて
がんばって下さい。
by 郁子
皆様、どうぞ
元気でいて下さい。
美紀
これから暑くなりますが
体を壊さないようにして
下さい。
久美子
明日は必ず来る…笑って笑顔見せて下さい。
明日を信じて・・・

片空白，只想盡全力活下去。從下午兩點多撐到天黑，不曉得經過多久，水才終於退去。」

她說，災後很不願向人提起驚恐逃生的情景，「但見到你們從這麼遠的地方來幫助我們，親切的笑容讓我重新有了生活目標，這是我從海嘯以來講最多話的一天。」

千枝子將近半年來所受的委屈傾洩而出，志工岩本惠子緊握她的手、拍拍她的肩，她終於笑了。

獨居的千枝子很感恩能夠存活下來，但房子被沖得僅剩外殼，正煩惱是該重新整修或在外租屋。「慈濟發的見舞金對我而言，眞是及時雨。」

●

幾天來，聽到鄉親們親人離散、家產流失的際遇，臺北慈濟志工許麗薰感同身受。「小學二年級媽媽往生後，我和姊姊麗香

一杯熱茶、一塊臺灣鳳梨酥，見舞金發放現場的關懷區，是慈濟志工傾聽受災鄉親心情的所在。

（攝影／林炎煌）

孤單無助，生活眞的很苦。看到受災鄉親的處境，猶如我過去的生活寫照。」

三一一大震災後，許麗薰很擔憂身為慈濟日本分會副執行長的姊姊許麗香，但知道她的責任感與使命感，一定忙於救災，不敢致電增添她的困擾。但是當福島核能事故愈發嚴重時，眼看許多國家都在撤僑，她再也忍不住拿起電話請求姊姊：「回臺灣吧！要不然讓孩子回來我這裏。」許麗香婉拒了妹妹的好意，孩子也說要跟父母在一起。

能踏上日本付出，許麗薰以同理心去膚慰受災民眾失去家園或親人的痛。「看到有人流淚，就輕輕走過去牽她的手，肩膀讓她靠一下。雖然語言不通，但相信誠懇的微笑、眞誠的鞠躬、親切的握手，那一刻彼此的心是相契的。」

志工以和煦的笑容與鄉親互動，用肢體語言給予心靈受創的人勇氣；如此傳遞的力量無形但堅強；正如一位鄉親所感受到的：「只要有愛，世界就會很美。」

南三陸町三百多位居民獲救後，入住距離家鄉約二十公里的登米市避難所；災後半年，慈濟前往登米市津山町公民館舉辦茶會。

（攝影／吳慈涓）

破涕爲笑的神奇力量

領到慈濟見舞金後，三浦千枝子連夜在四十張卡片上寫著「感謝」，翌日清晨，連同自己平日做的手工藝品送回發放現場。

攝影／莊慧貞

發放時間：二〇一一年九月十日～十二日

地點：宮城縣東松島市

撰文／陳秀雲、林瑋馨、魏淑貞

「我家距離這裏約一公里，想邀請您們跟我回去看看。」見舞金發放現場，阿部幸二誠懇地邀約慈濟志工。

沿途，他仔細爲我們介紹：「這裏以前是體育館，海嘯來時四十多人消失不見；那個地方是學校，剛好放春假，沒有人傷亡；這一片以前是小溪，海嘯後變成大海……」

美麗的東松島、新鮮的水產品，讓阿部幸二嗅出休閒商機，在小野市近郊經營民宿，三十三間洋房就坐落在海水浴場附近。「許多人一夕之間變得一無所有，包括我。」車子停了下來，阿部幸二指著一片空地說：「這就是我住了三年的家。」

回程途中，阿部幸二望著路旁一片沙地說：「那是我父母的家。」天色昏暗，遠近沒有人家，只見三把椅子及簡單的兩枝黃色菊花、香枝，那是悼念罹難的父母所插上的。

「今天領取見舞金，並不是因爲貧窮需要濟助。」阿部幸二很堅定地表示：「有一天我們都會再站起來，也可以去幫助需要的人。」

家人般的愛　重生希望

東松島市位於宮城縣東部，四萬多人口主要以海苔、牡蠣等養殖漁業及農業維生。海嘯造成一千一百零五人罹難或失蹤、萬戶房屋毀損，航空自衛隊「松島基地」十八架戰鬥機及軍機遭淹沒，高達一萬一千部車輛損失。

農漁民相關設備毀於災難，沿岸的水產工廠已無法生產海苔，農地則因海水浸泡，半年後仍清楚看到浮在雜草上的白鹽。公所復興課主任大久先生表示，除鹽作業約需三到五年，才能讓農地恢復正常。農民不能耕作，多數人只好到外地打工。

慈濟連續三天在東松島鳴瀨區小野市民中心、東松島市交流中心、赤井公民館三處同步致贈見舞金。每天都有居民提早到現場等候，甚至清晨五點就抵達。佐佐木美枝子說，這筆錢帶來溫暖，她與先生省點用，足夠買一年的米了。

六十七歲的東松島市消防團團長阿部賢一，災後連續五個月每天忙著搜索遺體，只有生日那天休假一天；全市動員了八千五百多位消防員出勤，至今仍有數十位鄉親未被尋獲。

五位親戚罹難，讓阿部賢一很悲傷，但最讓他痛心和耿耿於懷的，是海嘯警報發布時，他派八位消防弟兄四處催促大家逃難，雖然因此挽救不少鄉親性命，但這八位親如家人的好同事，全數罹難！

阿部賢一釋放著憂傷，喝口志工送上的熱茶緩和著情緒。「您是救人的菩薩，您的弟兄也是！他們在天上會保佑您，希望您好好爲他們活著。」志工郭惠珍的一番話，讓阿部賢一破涕爲笑了！

談起現在最想做的事，他說：「學音樂！」這是他小時候未能達成的願望；退休後決定做自己喜歡的事，還要繼續幫助別人，「因爲這是我的天職。」

七十二歲的熊谷千江子和黑田女士相約前來。黑田女士是水產公司的主管，曾擁有一份高薪；從她眼角不斷泛出的淚水，可感受她失去多位親人的無言悲痛。她被惡水困了一夜，就在筋疲

六十一歲的阿部幸二，多年前中風，左半身失去功能；領取見舞金後，他邀請志工到家中小坐。

（攝影／黃子玲）

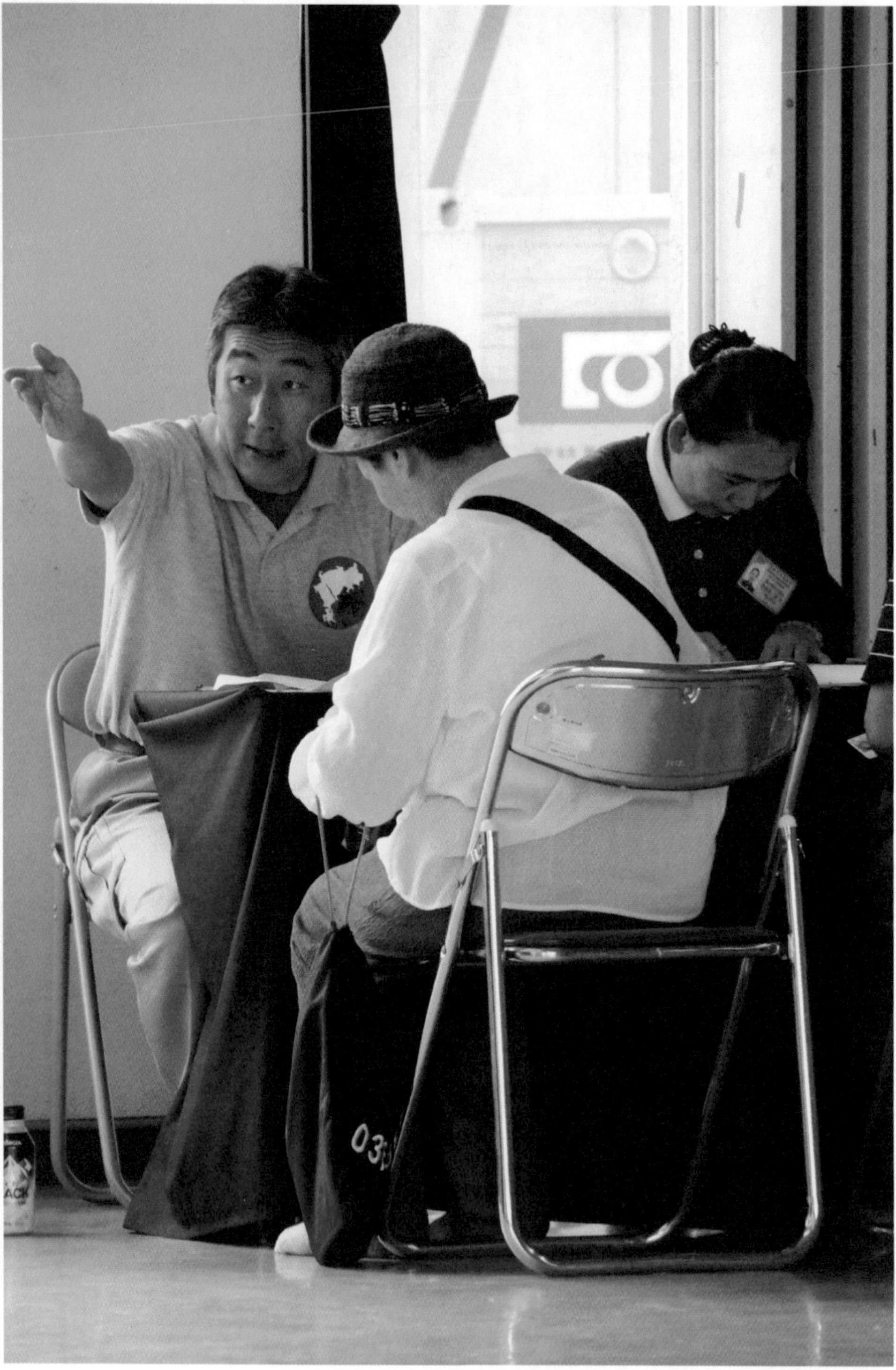

力竭之際，彷彿見到觀世音菩薩指引，先漂到一處高臺，接著又漂到一間寺院而得救。第三天，她到同事熊谷千江子家安身，一週後住進避難所。

熊谷家一樓受災，二樓安好可棲身，但災難初時買不到食物，這下，換黑田女士從避難所拎著滿滿的物品相助了，即使是快過期的納豆，也是活命的食糧。從同事關係到災後相知相護，因此聽到慈濟歌曲「一家人」，黑田女士就哭個不停！

「那個『家』的手語，已經深深印在我的心裏了！」黑田女士說：「謝謝你們給我『一家人』的愛，讓我有重生的希望。」

在發放現場幫忙核對名冊的市役所職工高橋宗，就讀大學的女兒三月份放春假返鄉，原本有機會逃難，卻爲了救鄰居的奶奶犧牲了自己。志工吳慈涓安慰紅著眼眶的高橋宗：「女兒英勇救人，您要以她爲榮，堅強地活下去！」他說：「對，我就是這麼告訴自己！」同樣是受災戶，很多人尚未從惡夢中醒來，高橋宗慶幸自己還能夠爲同胞服務。

市役所職員高橋宗上大學的女兒，海嘯時為了救鄰居奶奶犧牲了自己；他忍住喪女之慟，協助慈濟核對災戶名冊。

（攝影／李黎鐘）

歡喜付出　微笑發自肺腑

八月下旬慈濟於南三陸町發放時，山內英子、松岡智惠子、佐藤明子領到慈濟見舞金，深受感動；這次特地開了四十五分鐘的車來東松島，穿上慈濟志工背心協助發放工作。

三位女士的先生災後都沒了工作，她們必須去打工；遷入組合屋後，加入義工組織，整理各方捐贈的物資，讓一同避難的鄉親使用。慈濟發放結束後，收到志工致贈的結緣品，她們情緒激動，落下歡喜的淚水。

黑田女士和熊谷千江子也在發放最後一天連袂來當志工。黑田女士說，在最無助的時候，慈濟人傾聽、陪伴與鼓勵，讓她非常感動，所以無論如何都要來幫忙。兩人協助引導鄉親到指定的窗口核章，從原本略顯羞澀、不好意思的表情，到泰然自若地彎腰問候；黑田女士說，這是地震以來她眞正發自內心的微笑！

山内英子（左起）、松岡智惠子、佐藤明子，八月下旬在南三陸町領到慈濟見舞金；九月特地前來東松島協助慈濟發放。

（攝影／莊慧貞）

恩返し

日本文化有「恩返し」的觀念，類似臺灣人「吃人一口，還人一斗」的傳統人情，領到見舞金的航空自衛隊退職隊員們決定有所行動。

攝影／蔡謀誠

發放時間：二〇一一年十月二十～二十三日

地點：宮城縣石卷市

撰文／林玲俐、陳靜慧

海嘯沿著石卷港灣侵入內陸數公里，夷平建物，摧毀養殖漁業、造紙和造船工業；石卷市罹難與失蹤者高達三千七百三十五人，三萬戶受災。慈濟在這裏展開第七梯次見舞金發放，戶數超越前六次總和。

大災難後，全世界的愛在此相遇。爲答謝臺灣的援助，災後石卷市街道升起青天白日滿地紅國旗。

「海嘯發生到現在，我沒有哭過。但是聽到〈愛與關懷〉這首歌時，我眼淚掉下來了。」日本國民性格中的內斂常用「たてまえ（建前）」來詮釋，套句臺灣話就是很「ㄍㄧㄥ」。災難過後尤其如此，許多人把悲傷藏起來，不輕易展露；「建前」就像牆壁般阻礙了人與人之間的感情交流。

慈濟人的善意如和風輕撫，讓「ほんね（本音）」眞心交流無阻。也許是等候區那一首〈愛與關懷〉，也許是從志工手上接到見舞金時，那彎得比他還低的腰；也許是關懷區那一杯熱茶和酸酸甜甜的臺灣鳳梨酥。

歷次見舞金發放現場，鄉親有機會慢慢感受慈濟志工的眞心，也透過當志工，給悲傷一個出口。

用行善療癒傷口

在石卷市發放第三天，笠原豐子特地帶小點心來致意，並表達當志工的意願。前一天她領完見舞金後，不小心遺失身分證，許多志工熱心爲她尋找；身分證沒找到，她卻找到了許多愛。

穿著圍裙的笠原豐子溫柔婉約，是日本典型的家庭主婦模樣，家裏受災尚未清理完畢，更有家人需要照顧；志工問她：「家裏不忙嗎？」笠原豐子回答：「你們做這麼多事都不說忙，我怎麼可以說忙？」

災區許多人都和她一樣，主動前來當志工，引導、諮詢、核章，舉手投足間展現他們所觀察到的慈濟人文，親切地陪伴同樣受災的鄉親領取這筆慰助金。

地震海嘯屆滿半年，宮城、岩手、福島三大災區紛紛舉行默哀儀式；宮城縣石卷市許多民衆前往洞源院祭拜親人。

（攝影／林炎煌）

「其實，我還沒釋懷。」每天準時出現幫忙的星えなこ說：「但是來這裏看到大家，我的心情就好多了。」她是氣仙沼市「行善二人組」——齊藤慧子和石川諒子接引出來的志工之一。

三個月前、七月十九日慈濟在氣仙沼市發放，齊藤慧子從志工手中接到見舞金的當下，化悲傷爲力量，立即穿上志工背心爲鄉親服務；第二天，石川諒子應她之邀也來參與。從那刻起，「行善二人組」愛的腳步沒有停止過——平日她們影印日文版《慈濟月刊》和鄉親分享，傳達證嚴上人拔苦予樂、不忍蒼生受苦難的胸懷；確定慈濟賑災團再到東北發放見舞金的時間，又號召鄉親來協助。她們希望引導受災的鄉親和她們一樣，用行善療癒傷痛。

愛如和風，能溫暖溫柔細膩的家庭主婦；愛如春陽，也能使百煉剛化爲繞指柔，讓日本航空自衛隊的退職隊員們放下剛毅不屈的軍人身段，和慈濟志工攜手並肩爲鄉親服務。

一個多月前，慈濟在東松島致贈見舞金，菅原三千男心裏掙

主動加入志工行列的氣仙沼市民石川諒子，
專程來到石卷市參與發放，她引導鄉親依據
居住地區排隊，以節省等候時間。

（攝影／林炎煌）

扎著：「眞的要去領這筆錢嗎？」自律嚴謹的武士精神，面對無常時，更是有苦肚裏吞的無奈。

聽到公所職員問慈濟志工：「你們爲什麼不坐著發就好？」志工回答：「我們不是來發錢，是帶著三十九個國家的愛而來。」這樣的用心用愛對待，化解菅原三千男原本以爲的不堪。日本文化有「恩返し」的觀念，類似臺灣人「吃人一口，還人一斗」的傳統人情。臺灣、東京那麼遠，領到的見舞金如何回禮？菅原三千男不能不有所行動。

「到底能爲慈濟做點什麼呢？」自衛隊退休後，他參與許多社會服務，是「公益社團法人隊友會——東松島支會」副會長；當了解慈濟在發放時有語言溝通的困難，他立即號召十九位隊友輪番前來協助。

菅原三千男今年七十一歲，同是航空自衛隊的隊友們當然也是年高德劭；但他們腰背挺直，綁上護腰、護膝，和慈濟人一樣恭敬溫柔地服務鄉親。

還是日本文化中的客氣禮貌，第一天他們自己準備便當；在慈濟人再三邀請下，第二天起才一起用餐，自在體會慈濟香積飯的滋味。日本有「同吃一鍋飯，就是仲間（朋友）」的俗諺，這些可愛可敬的前自衛隊隊員和慈濟志工，已經是行善助人的好伙伴了。「只要慈濟需要，我們一定來！」菅原三千男豪氣地說。

「活下來一定要做些事」

發放期間遇豪雨特報，市役所的高瀨好伸及六位當地志工，穿著輕便雨衣在風雨中盡責地指揮交通和引導車輛停車，一整日堅守崗位的精神令人感動。

西條稔今年七十歲，父親在臺灣日治時代擔任警察，兄弟姊妹四人都在臺中大雅出生，西條稔五歲時全家才返回日本。因爲對臺灣有著特殊的感情，當西條稔得知慈濟發放需要志工，天天準時來報到。

風雨中引導車輛進出停車場，即使穿著雨衣，雨水依然溼透他全身；但他笑笑說，從年輕時代開始練柔道，執勤一整天沒問題的。他和七十二歲的姊姊青木英子，對於能夠來這裏服務都覺得很高興，因爲很多鄉親、朋友看到他，都跑來跟他道謝！

清野秀二身著石卷市交通指揮管理員的白條工作制服，認眞又熟練地拿著指揮棒，爲來往車輛指引進出方向。

大海嘯沖毀他的家，更帶走三位親愛的家人，幸有大兒子的老闆免費提供住處。災後缺乏瓦斯，長達兩個月他們以焚燒漂流木當柴火取暖；熱心的清野秀二還與其他居民在廣場煮稀飯，爲在圖書館避難的鄉親服務。

清野秀二目前與九十多歲的老母親同住，這幾天爲了能來當志工，每天早餐後先把菜料備妥才出門，再利用中午空檔跑回家做飯，待母親吃飽後又回來指揮交通。慈濟志工讚歎他兼顧行孝與行善。

專程從東松島來當志工的奧田正行，九月中旬領取見舞金

在南三陸町鄉親茶會上，齊藤慧子（左二）向民眾奉茶。僅僅接觸慈濟三個月，她理解慈濟對受災鄉親的不捨和祝福，詳細向眾人宣說慈濟理念。

（攝影／林炎煌）

TAIWAN BUDDHIST TZU
東日本大地震見舞金配布
受付で必要な物：
●り災証明書
（提出用コピー可）
（回収します　）
●身分証明書
ご用意くださ

時，對於慈濟募集全球愛心來援助他們，很受感動；得知慈濟「竹筒歲月」源起，當天就領了兩個撲滿回家裝滿零錢，隔天送回；之後持續參與見舞金發放至今。「我要用做志工來回饋『撿回來的生命』。」

原來，聽到海嘯警報時，奧田正行正塞在車陣中，立刻棄車逃難。當他發現遠處海水淹過松樹頂，還有船隻漂來，知道不可能再跑了，立即衝進一旁的民宅；還沒站穩海水已經湧進，他和這戶人家的太太與兒子一起跑上樓，可是男主人卻被沖走。

這件事使他非常內疚，迄今回想起來依舊哽咽；而這也是他想回饋別人的原因，「我是活下來的人，一定要做一些事。」

同樣是在東松島認識慈濟的伊東征廣，在慈善機構服務，他說無法天天請假前來，既然來了就請志工安排最忙碌的工作給他。擔任外場引導的他，主動向鄉親介紹他所認識的慈濟；當鄉親離開時，他面帶笑容，用生澀的中文鞠躬說：「謝謝！」

伊東征廣在戶外不斷鞠躬，引導鄉親出入場，用臨時學的中文，對每一位鄉親說：「謝謝！」

（攝影／張文永）

三十二萬顆向日葵種子

吳敏瑛（中山敏江）出生在臺灣，定居日本四十年了，與先生中山邦正經營中華料理店，整間餐館和載貨用的大卡車都被大海嘯捲走了；目前生活雖然不成問題，重新開始卻有很多困境待突破。

臺灣慈善組織遠道來日本關懷，讓吳敏瑛備感溫暖，主動影印宣導單發送，還邀約左鄰右舍來當志工。中山邦政為臺僑第二代，不會說中文，和幾位男士在戶外引導動線和分發鞋袋，吳敏瑛則偕同幾位婦女核對資料；面對大排長龍的鄉親，他們忙到幾乎沒時間上洗手間。

深秋的東北沁著寒意飄著雨絲，中山邦政鎮日在路口引導車輛進出，很是辛苦；但他說，非常感動臺灣人來關懷，這是他想要做的事，因此心是溫暖的；而且看到大家這麼快樂，他就非常快樂。

在吳敏瑛的帶領下，我們拜訪了幾位受災戶。沿途盡是破垣殘瓦，她指著身著深藍色制服走在遠處的三位警員，表示他們是

經營中華料理店的臺僑夫婦中山邦政（右）與吳敏瑛（中），號召左鄰右舍當志工；店面雖已消失於海嘯中，卻重新找回澎湃豐富的人情味。

（攝影／張文永）

專門找尋罹難者遺體的。我們非常訝異——即便災難發生已經超過半年了，遍尋不到親人的鄉親仍不放棄希望。

來到一處破屋前，她停下車，哽咽地說這是好朋友安田清子的家。安田清子服侍臥病在床的婆婆多年，海嘯來時，她拖著全身癱軟的婆婆往樓上爬，大水又急又猛，眼看水一直往上升，她實在沒力氣了，只好無奈地對婆婆說抱歉，含淚鬆手……水退後，她找到婆婆的遺體，守候了三天；沒水沒電，日子過不下去了只能離開，她在殘破的牆壁上留了字，告訴救難人員若是幫婆婆收屍了，請與她聯絡。

望著牆壁上的字，我們的心頓時盪到谷底，更體會何謂「世間無常，國土危脆」、「生命只在呼吸間」。

海嘯中失去妻子的神山清孝，在發放現場主動走向我們。也在慈善團體擔任志工的他說，幾年前在網路上看到慈濟資訊，非常期待能和我們接觸；這次日本發生這麼大的災難，慈濟不只發放，還親切地給予鄉親真心關懷，讓他很感動。

神山清孝曾經因病三年行動不便，重新站起來後，深知心靈關懷的重要；災後，他和朋友在災區播種三十二萬顆向日葵種子，因爲向日葵代表希望和光明，他希望鄉親跟他一樣，看到向日葵花而再度提起精神。

●

遠距離看日本，總覺得有效率的政府，加上嚴謹有禮的百姓，災難應已遠離。直到親自踏上這塊土地，抱住哭倒在懷中的阿嬤；拍拍肩膀，安慰哽咽說不出話的人；才發現最深沈的傷痛仍被藏住。

儘管鄉親的悲傷依舊，拭不去的惡夢依然擾人，但慈濟人跨越山海送來溫情，並給予他們傾洩淚水的空間；期待這分愛的關懷與付出，宛如播撒在這塊土地上的慈悲喜捨種子，讓在地志工可以生根發芽，帶動鄉親走出悲傷陰霾。

向日葵代表希望和光明，許多人在災區播下向日葵種子，期待受災鄉親看到向日葵花，再度提起精神。

（攝影／林炎煌）

復興祈福　用愛祝福

撰文／許麗香、陳靜慧　攝影／吳慈涓

「幸好有來，我的心被療癒了！」三天四場祈福會的意義與溫馨氛圍，讓許多鄉親頻頻拭淚；但願溫柔灑下的愛，能為癒合中的大地，帶來無限希望。

最後一梯次見舞金發放結束不到兩星期，十二月十六日清晨六點，日本慈濟分會二十六位志工從東京出發前進東北災區，連續三天在岩手縣遠野市，及宮城縣氣仙沼市、東松島市和石卷市，舉辦四場「復興祈福會」。

對許多志工來說，剛忙完十梯次見舞金發放，經濟上的負擔以及家人的諒解與支援已經快到了極限；隨即又馬不停蹄前往雪花紛飛的東北，是基於一分共同的使命感而「難行能行」。

經過那須高原時，雪花開始紛飛。志工們擔心鄉親是否耐得住夜晚的寒風來參加？大家虔誠祈禱不要下大雪。下午三點抵達岩手縣，天氣雖寒，但是雪花不再飄，大家擦滿濃濃慈濟面霜的笑臉，盪漾在凍僵的東北午後。

從「不相信」到「不可思議」

向日葵代表希望，爲了鼓舞鄉親，東北到處種滿了向日葵。遠野市第一場祈福會開場時，二十五位鄉各自手持一枝向日葵上臺，象徵慈濟見舞金援助的二十五個城市，也代表對未來的希望。有鄉親帶著感恩心來相會；有人在領取見舞金後對慈濟產生好奇；也有多位官方代表專程與會。

陸前高田市市役所課長熊谷正文，在慈濟見舞金發放起頭難的階段，功不可沒。熊谷課長說，一收到邀請函，就決定排除萬難來參加，見到多位熟悉的志工，備感溫馨與感恩；前兩天，他又把慈濟在避難所發放的披肩拿出來用，看到上面「慈濟」字樣，感到特別溫暖。

熊谷課長和鄉親分享，認識慈濟是在地震後的三月底，當時一片混亂，百廢待舉；聽到有臺灣團體來發放，心想應該跟一般團體一樣，送了東西就走；沒想到，在災後交通不暢的情形下，慈濟人一次又一次遠從東京前來表達付出意願、研商親手發放的方式，漸漸讓他感受到：這群人是眞心而且非常認眞的。

參加第二場「復興祈福會」的氣仙沼市市長菅原茂也提到，四月份剛接觸慈濟時，心想一個民間團體眞有可能發放那麼大筆金額嗎？沒想到慈濟人眞的履行諾言，而且爲了讓鄉親都能領到，還發放了兩次。他告訴鄉親，慈濟人如此大力支援賑災的恩情，讓他無法忘懷。

東松島市長阿部秀雄，在第三場「復興祈福會」致詞時表示，慈濟人第一次到市役所協調時，他也抱持懷疑的態度，最終被志工的誠意感動而同意見舞金發放。阿部秀雄說，慈濟帶來許

祈福會中，二十五位鄉親代表各自手持一枝向日葵走上臺，代表慈濟援助過的二十五個城市。

多「不可思議」，最具代表性的就是「九十度鞠躬禮」。許多鄉親不解，應該是「授與受關係」的場面，卻讓人搞不清「到底是誰在發？誰在領？」

多次協助發放見舞金的東松島居民奧田正行，分享當初得知慈濟見舞金是從全世界募來的，包括沒有錢的人也能捐款做好事，非常意外也無比感動。

慈濟賑災時一切就簡，吃泡麵、飯糰是平常事，卻帶給感情細膩的日本鄉親很大震撼。相羽利子分享，看到志工吃泡麵當午餐，她當場哭了出來！萬萬沒想到給她見舞金的志工，午餐只吃泡麵卻還甘之如飴。這分震撼與感動，讓她決定加入志工，徹底了解慈濟。

相羽利子已多次參加見舞金發放，這天特地從新潟開了五個多小時車來和志工會合。她告訴現場鄉親，慈濟創立者證嚴法師讓她敬佩，也從志工謝富美身上看到慈濟人的氣質，所以願意跟慈濟人一起走下去。她鼓勵鄉親：「我們要好好活下去，才是對慈濟最好的回饋！」

從「懷疑不安」到「賦予期待」

在氣仙沼市的祈福會，由於小野寺紀子事先在三陸新報與震災特報刊登了廣告，會場擠進五百多位鄉親。擔任司儀的志工小野雅子，以優雅的日文向鄉親說明，這場祈福會不只是爲受災人祈禱、爲自己祈福，更是爲普天下眾生無災無難虔誠祈禱；同時也請大家一起來接受證嚴上人的祝福。

眾人從祈福會播放的影片中，看到慈濟人在日本東北的足跡，志工再次感恩鄉親：「感恩大家願意接受慈濟人的愛，我們才有機會相逢；也因爲我們是『一家人』，所以今天能夠再次相見。」許多鄉親說，今天是要來感恩的，沒想到又讓慈濟人先彎腰道感恩了。

當善感的日本鄉親得知，慈濟的善款是來自全球三十九國的捐款點滴匯流時，他們感受到金錢背後無數的溫暖與關懷，徹底冰釋最初的懷疑與不安。

八月底，慈濟與釜石市簽署補助三千多位學童營養午餐協定，甲子小學校校長菊池清太在祈福會首日即到場表示感謝。他說，災後最艱難時期，學生的中餐只有一罐牛奶和一塊麵包，許多家長失去工作，付不起營養午餐費；慈濟適時的支援，如雨露甘泉。

釜石市教育委員會村井課長也表示，災後有多位心理輔導員長期陪伴在孩子身邊，現在孩子們表面上看來已經恢復平常，但令人擔憂的是，兩、三年後「災後創傷症候群」是否會發酵？

對先進國家日本而言，物資問題容易解決，心靈困境才是更大課題。對此，岩手縣沿岸廣域振興局局長中村一郎同樣表達他的擔憂；他說重建這條路很長遠，希望慈濟能夠繼續給予心靈上的協助。

在石卷市北上中學舉辦的第四場復興祈福會，鄉親們專注看著志工致贈的福慧紅包。

最後一天在東松島的祈福會非常溫馨，不斷有鄉親含淚說，本來以爲領了見舞金就不會見面，沒想到慈濟人這麼細膩用心，處處爲他們著想。「還好今天有來，我的心被治癒了！」

天色漸暗，結束後的會場外已鋪上白白一層雪；志工送走了鄉親，整理好場地，夜幕中踏上了往東京的歸途。

災後九個月來，慈濟志工帶著證嚴上人的言教與身教，難行能行深入東北；從一開始面對質疑、不安，終能用愛破冰釋疑，進而被鄉親賦予期待。猶記得在氣仙沼市臨別前，鄉親再三交代：「您們要常常來，不要忘記我們喔！」

三天四場祈福會，是一趟法喜充滿的灑愛之旅；但願溫柔灑下的愛，孕育出粒粒善種，每一粒善種都能開出朵朵向日葵，綻放在日本每個角落膚慰人心，爲癒合中的大地帶來無限希望。

祈福會中，慈濟志工帶領鄉親手捧心燈，為自己祈福，更為普天下眾生無災無難虔誠地祈禱。

眞誠鼓勵　讓我們勇氣倍增

「臺灣人溫暖而滿溢的慈愛，直接觸動了我的心，讓我流下眼淚……」領取見舞金的東北鄉親，紛紛提筆寫下心情……

十月二十一日，我在石卷市湊小學校收到慈濟的見舞金，因生性害羞，當天沒能好好表達內心的謝意，深感遺憾，又覺得一定要跟各位道謝，因此很冒昧地匿名寫下這封信。

雙親在此次震災中雙亡，先生也不在了，我一個人照顧兩名幼子，無法外出工作，沒人可依靠，生病了也沒辦法去醫院，心眞的很苦；我只能告訴自己什麼都不要想，要努力活下去。

那天抱著出生不久的嬰兒，在等待的隊伍中，承蒙你們多次招呼關照；辦手續時還幫忙照顧大哭的孩子；領到見舞金後，你們奉上茶水，請我「休息一下再走」。明明是承蒙你們的照顧，你們卻說「您辛苦了，多多保重」，並送上糖果。

有時爲了購物或到區公所辦事，嬰兒哭鬧，大部分的人都冷眼旁觀，甚至面露嫌惡或不耐。就在日復一日如此的生活中，受到你們溫暖的接待、體貼的關懷，在回程的車上，我忍不住流下淚水。

即使此刻回憶起來，我依然感動落淚；你們爲我們所做的一切，我永遠忘不了。收到的見舞金，我想爲孩子添購冬衣、暖爐或燈油，剩下的作爲生活費，珍惜使用。

天氣逐漸轉涼，敬請各位保重，並繼續加油。我發自內心尊敬並感謝你們的積極作爲，也期待自己成爲這種給人溫馨的人。這封信聊表的只是我的一點心意，祈祝各位身體健康，也謝謝你們撥冗讀完這封信。

——宮城縣石卷市民

地震後，我住進陸前高田市鳴石避難所。

慈濟人不辭辛勞地從遙遠的臺灣緊急動員到日本東北，親手將毛毯一一致贈給我們，眞的非常感謝。從那一晚起，我們不再受凍，可以睡得很安穩。

鳴石避難所裏的人都在此次海嘯中喪失家族，因爲同樣悲慘的遭遇而聚在一起，大家總是相互勉勵、打氣。慈濟志工爲我們合唱了「我們都是一家人」，讓我們淚流不止。這分恩情將會一直回盪在我們心中。

由衷祈禱世界上所有的民族都能心手相繫，共同維持地球和平。在此深深致謝！

——岩手縣陸前高田市．熊谷榮夫

在海嘯中失蹤的父親，隔了幾個月遺體終於被尋獲、送回家了；十月十一日牌位安置妥當，我把一個月前在女川收到的見舞金，供奉在父親牌位上。在此特別向慈濟人表示我的感謝。

我們已搬離避難所，在石姜市賃屋而居；由於餘震不斷，每天都惶惶不安，晚上難以入眠。直到友人爲我帶來周杰倫的CD。我的心因友人的體貼和周杰倫的音樂而得到安慰，晚上終於可以睡著了。

二〇〇六年我第一次到臺灣，之後又去了兩次。我到周杰倫的小學、中學及高中去巡禮，收藏所有周杰倫的寫眞集、相片、CD、DVD、禮品、書等，沒想到全都在海嘯中流失。雖然失去的東西很多，但我收到的愛更多；對臺灣的快樂回憶，加上你們的親和力，還送我平安掛飾，讓我獲救了，謝謝你們！

災後，我買的第一本書就是臺灣的旅遊雜誌。我會好好珍惜這條存活下來的生命，請各位也好好保重身體。再見！

——宮城縣仙台市・平塚美板子

這兩天天氣轉寒，我用你們致贈的見舞金，買了能讓我們全家暖和又舒適的羽毛被；也等於將你們充滿溫情的見舞金，用某種形式保留下來。

你們親手致贈的現金，讓我們產生十足的活力和勇氣，而你們竟然還向我們道謝。未來復建之路還很遙遠，名取市的受災民眾將不會忘記臺灣人的溫情。虔誠祝福你們幸福！

——宮城縣名取市・嵯峨美由紀

祖先留下來的房屋、家具、車子等，一瞬間都被海嘯捲走。你們從臺灣跨海而來，致贈了情深意重的見舞金給我們，證嚴法師的慈悲深深地溫暖了我們的心，眞是非常感激。

初次見到法師的照片，那溫暖有力的眼神充滿慈愛，令我淚流不止。慈濟的錢是來自全世界點滴善款的累積，我們會珍惜這分恩情，忘記過去，往前看，好好生活下去。

在此寫下我的感謝，眞心祈求證嚴法師和慈濟團體所有的人，都能健康幸福。

——岩手縣九慈市・兼田中平

非常感恩你們來發放見舞金，你們超越種族、國家、宗教，只要哪裏有需要就給予幫助的無私之舉，讓我敬佩地想要向你們鞠躬，感謝的心情更是一言難盡。

災後，我的心總是很憂鬱，在看完《愛灑人間》和《日本慈濟世界》這兩份出版品後，知道這世界上有著各式各樣苦難的人們，我不再覺得自己很辛苦了。

還記得領取見舞金時，慈濟人的鞠躬竟比我們還低，這眞是值得學習的事；我希望有朝一日可以向你們看齊。

——千葉和子

收到貴會直接交到我們手中的現金，你們發自內心眞誠的援助，讓我感動落淚，感謝之意難以言盡。我已經七十二歲，定期會領到政府核發的年金，今後我想每次撥出一部分捐贈給你們，向全球愛心人表達感謝！

——宮城縣氣仙沼市・千葉昌一

請原諒我冒昧寫信給你們。

前幾天，在多賀城文化中心，收到你們的見舞金及物資，內心非常感動！你們眞心的協助，爲我們安撫內心的創傷，讓我認知到人無法單獨生存，必須藉助眾人之力才能存活下去。

你們眞誠的心意，我將永存在內心深處。眞的很感謝！

——宮城縣多賀城市民

受災當時，一切都沒有了，就在呆愕茫然之際，被你們的愛包圍，我開始感謝生命尚存，也逐漸產生活下去的力量。

各位遠從臺灣而來，對我們一個家庭一個家庭很恭敬地遞上見舞金，眞的很感謝。

期待有朝一日，能回報這分受到的關愛。

——宮城縣石卷市民

七個月過去了，震災的可怕，依然在腦海中揮之不去。在家中二樓避難，淹水一個星期不退，我爲了身邊兩個幼小的孩子到處找水，這是有生以來從未有過的經驗；當下確確實實體驗到，以前的生活環境是如此優渥，現在卻跟著二十幾個避難的人，一起過著沒電沒水的生活。

那段期間，受到很多人照顧，感謝之意難以言盡。我現在學會降低生活欲望，同時也掛念著無法立即回報的溫情。但願將來也有能力回饋人群。

眞的很感恩大家，我會珍惜使用慈濟的見舞金，也請各位保重身體。

——宮城縣石巻市・榊

事情發生的很突然，究竟發生了什麼事，至今頭腦一片空白。有時走在路上，會習慣性地往自家走，其實家早已不在了，但就是無法接受這個事實。

很感謝你們令人意想不到的貼心溫情。我希望自己能盡早安心度日。

——宮城縣仙台市・八幡熊野恭子

災後將近八個月，生活還是難以恢復原來的軌道，你們及時給予的見舞金眞的幫助很大，我絕對不會忘記這分恩情。

感謝你們跨越國界支援的同時，也謙卑自持，並天天祈求世界人人平安健康。未來，我也想奉獻一己之力給困頓或需要幫助的人。也請各位勿過度勞累，眞謝謝你們了。

——宮城縣石巻市・小林弓亇生

我的店鋪、工廠、房子全毀，現在過著避難生活。候鳥飛來，冬季來臨了，收到慈濟見舞金，非常感謝。「有信心、毅力和勇氣，沒有過不去的難關」，現在我心裏放著證嚴法師這句話，用「向前看」的精神努力生活。謝謝慈濟！

——宮城縣大崎市民

我本來住在名取市閖上，地震後沒辦法接受爲什麼會發生這樣的事，雖知不能對抗大自然，也只能悲傷、痛苦、無可奈何。

這八個月來，先是流淚無法做任何事，又不想被自己打敗，而決定一步一步向前走。謝謝你們的見舞金，雖然今後要面對的課題很多，但我相信不論什麼樣的困難，都會有力量克服。冬天一定會過去，春天一定會來，不是嗎？謝謝你們的好意，眞的謝謝你們。

——宮城縣名取市民

十一月十日在多賀城文化中心，臺灣人溫暖而滿溢的慈愛，直接觸動了我的心，讓我流下了眼淚，是這一輩子難以忘記的一刻。你們溫柔地接待，使我歡喜並帶給我活力；我想表示衷心的感謝而寫這封信。

我在遙遠的天空下祈禱，祝你們身體健康、幸福長壽。

——宮城縣多賀城市・山田洋子

我在鄉下長大，結婚後住在石卷市已經四十七年，房子因地震而半毀，這是無可改變的事實。經過七個月，山上的樹葉慢慢變成漂亮的紅葉，受災的人用各種心情過生活。感謝慈濟帶來世界各國的愛，這分溫暖幫助也讓我學到很多事。謝謝！

——宮城縣石卷市民

海嘯帶走我的媳婦，留下兩個孫子，我覺得僅靠自己的力量，已經沒有辦法走下去了。今天我本來不想哭的，但你們笑瞇瞇地打招呼，一句句「早安」、「謝謝您」，都敲動了我的心，你們的熱情讓我哭了。有了慈濟的愛，我會和兒子好好照顧孫子，努力活下去。

——菅野竹子

我在避難所曾拿到慈濟致贈的毛毯，那時天氣很冷，那件毛毯特別溫暖。幾個月後來領見舞金時，又看見親切的慈濟人，我忍不住掉淚。現在我做串珠手工藝，會努力重新生活。

——高橋惠子

六月七日搬進組合屋，雖然很不適應，但總算不用再住避難所，也不用再在意別人的眼光；睡在床上的感覺眞好！這筆見舞金我想存起來，重新蓋自己的房子。

——佐佐木淳

我活了兩次，一次是出生，一次是海嘯後倖存。慈濟人發放見舞金，不是用匯款的，而是親手致贈，我很感動，我一定會好好活下去。

——新沼

八十歲的我，海嘯來時跑往二樓避難，才一轉眼海水就淹到我的腰部了，很恐怖啊！如今，我的財產就只剩那一片屋頂。有了這些錢，我就可以去買食品了。

——及川守雄

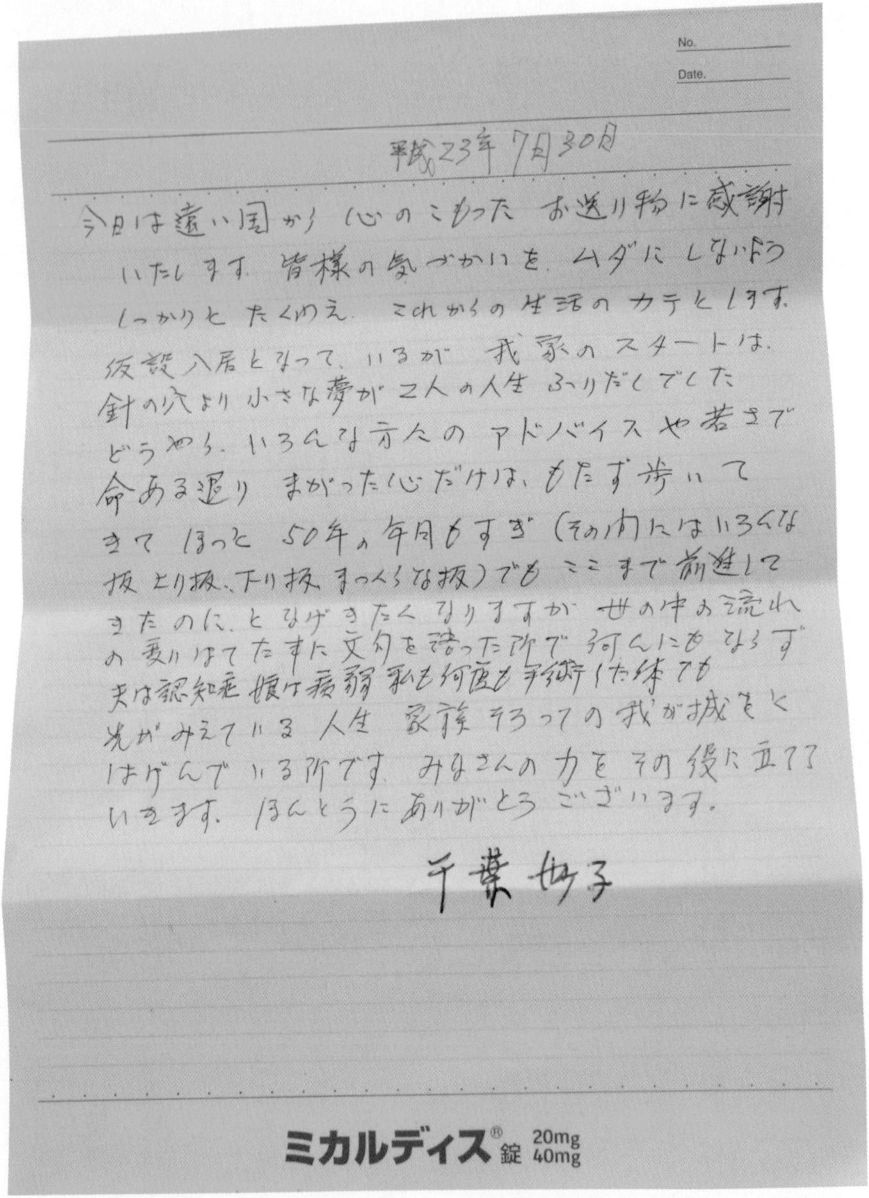
No.
Date.

平成23年7月30日

今日は遠い国から心のこもったお送り物に感謝
いたします 皆様の気づかいを ムダにしないよう
しっかりとたくわえ これからの生活のカテとします
仮設入居となっているが 我家のスタートは
針の穴より小さな夢が二人の人生ふりだしでした
どうやら いろんな方々のアドバイスや若さで
命ある限り まがった心だけは もたず歩いて
きて ほっと 50年の年月もすぎ（その内にはいろくな
坂 上り坂、下り坂 まっくらな坂）でも ここまで前進して
きたのに、となげきたくなりますが 世の中の流れ
の変りはてたすた文句を語った所で何んにもならず
夫は認知症 娘は病弱 私も何度も手術した体でも
光がみえている 人生 家族そろっての我が城をと
はげんでいる所です みなさんの力を その役に立てて
いきます。ほんとうにありがとうございます。

千葉妙子

ミカルディス®錠 20mg 40mg

宮城縣氣仙沼市的千葉妙子在信中提到：「感謝你們從那麼遠的國度來，現在我們已經入住組合屋，我和我先生的夢想將從這裏開始，築夢踏實。有了屬於自己的城堡，才會有力量；大家帶來的溫暖，將成為我的助力！」

（攝影／黃筱哲）

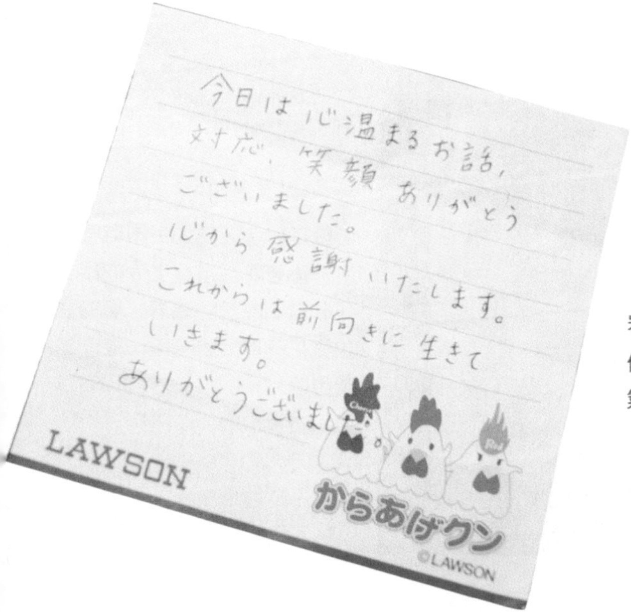

岩手縣山田町居民寫著：「很感謝今日你們帶來溫暖的話語及笑容，讓我有勇氣繼續走下去。」

（攝影／吳慈涓）

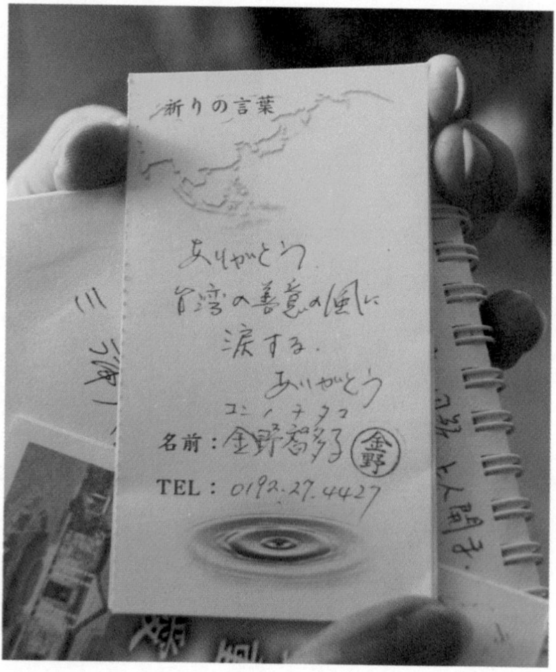

岩手縣大船渡市的金野智多子，在祈福卡上寫下：「謝謝你們，從臺灣送來善意的風，讓我感動落淚，感謝你們。」

（攝影／林如萍）

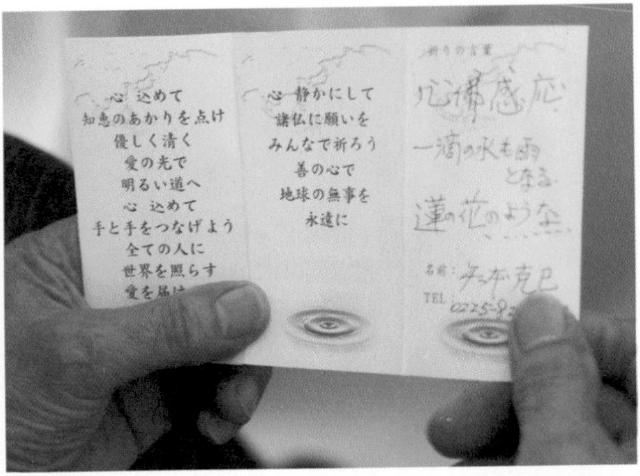

領取見舞金翌日，矢本克已寫下一段要送給證嚴上人的話，「非常感謝您的慈悲，您的愛如蓮花一般，也像雨一樣能滋潤大地。」

（攝影／莊慧貞）

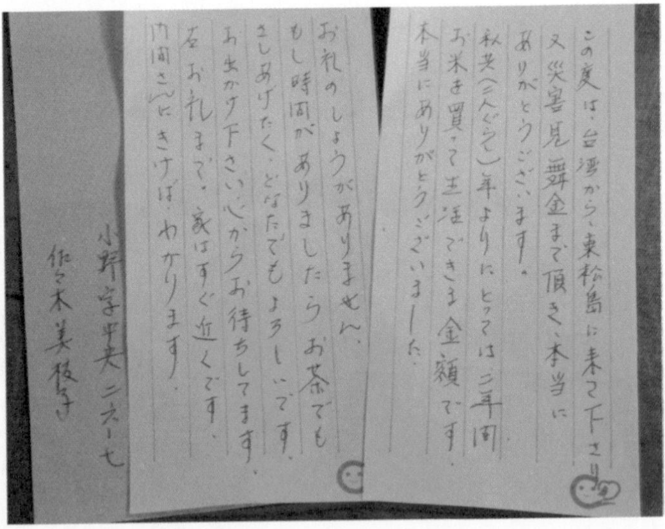

宮城縣東松島市的佐佐木美枝子來信表示：「很感謝慈濟帶來溫暖，有了這一筆錢，夫妻兩人省著點用，足夠買兩年的米，歡迎志工到家中坐坐。」

（攝影／李黎鐘）

住在宮城縣東松島市的邊見哲雄，在祈福卡上寫了滿滿的「感謝」。

（攝影／李黎鐘）

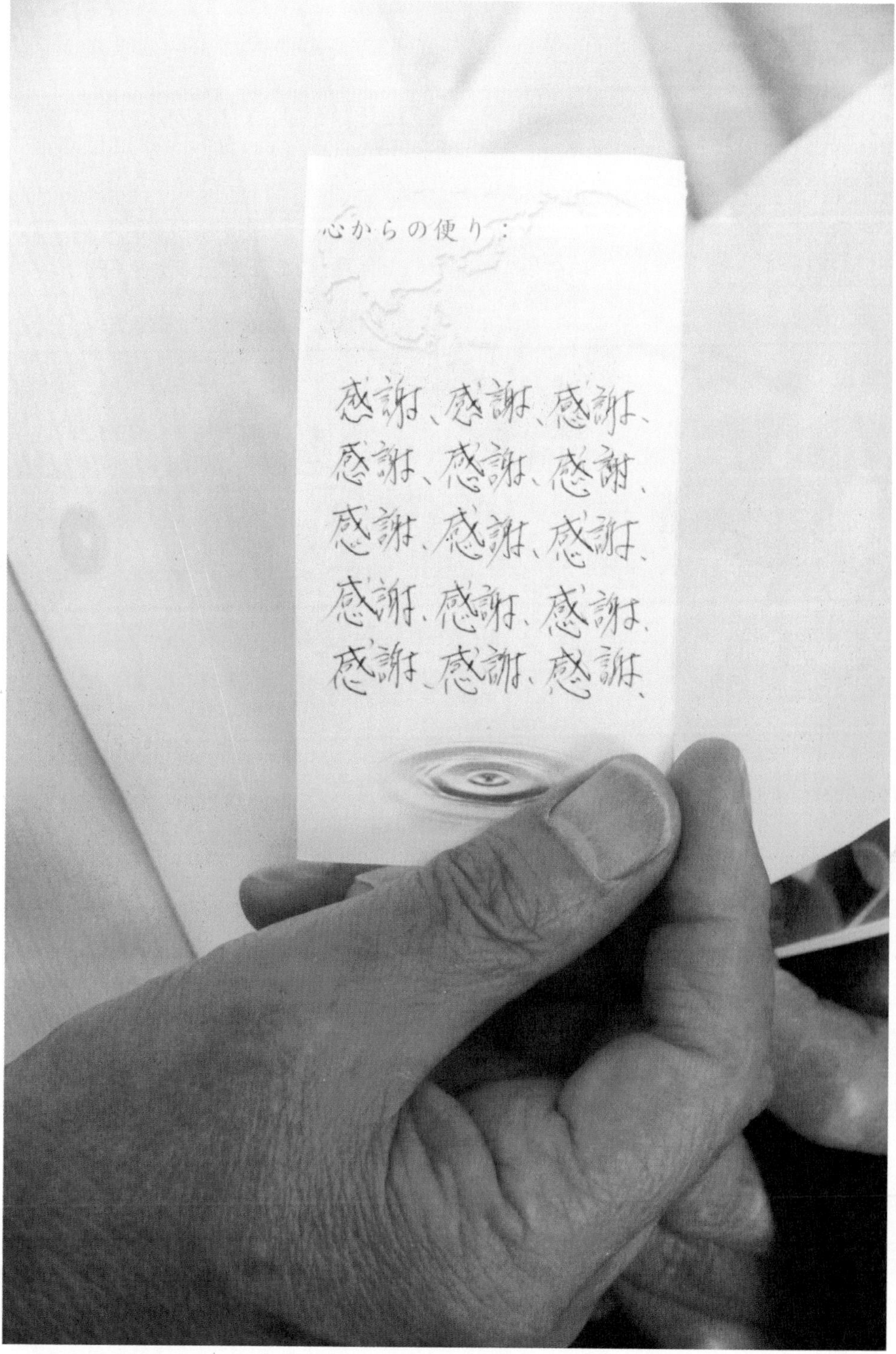
心からの便り：
感謝、感謝、感謝、
感謝、感謝、感謝、
感謝、感謝、感謝、
感謝、感謝、感謝、
感謝、感謝、感謝、

宮城縣南三陸町見舞金發放現場，千葉幸子寫下感恩——「災後五個多月了，心裏很不安；受到大家的援助，我會更有勇氣繼續努力下去。」

（攝影／陳國麟）

元氣，來自有愛

朝顏柔情——日本慈濟分會娘子軍

撰文／涂心怡

二十年來，這群來自臺灣、經濟平凡的女性，發揮溫柔天賦，探入這個社會福利完善國家的暗角，默默行善奉獻。即使東日本大震災範圍廣大，她們以大丈夫之姿，扛起萬噸物資發放；以柔軟女人心，協助壓抑的心釋放悲傷。

「人家說九條好漢在一班，我們卻連一班都湊不出來。」日本慈濟分會督導陳金發，一語道盡此地男性志工人數短缺的現象。

一九九一年，日本慈濟分會由謝富美領軍成立，屆滿二十一周年的今日，一眼望去仍是清一色女性成員，男性志工不過才十四位，扣除或因調職、移民等因素離去，就像陳金發所說，連一班都湊不齊。

面對強震撼動東日本，在大海嘯襲擊下，引發核電廠輻射洩漏危機，此複合式災情是二〇一一年世界最大災難。慈濟賑災腳步啓動後，女人當家，把壓力與責任甩上肩頭，扛著；即使是粗重的活，也難不倒她們。

「比如辦活動時要掛橫幅，一層樓的高度，她們樓梯搬來，二話不說就爬上去；賑災物資十公斤、二十公斤，也是一箱接一箱地扛。」陳金發愈說愈不捨，「有些事情超過她們力量所及，在其他地方肯定是由男眾來做，但她們還是擔起來。」

這群女人常戲稱自己是「娘子軍」，不但不以爲苦，還有一絲苦中作樂的痛快。

「從艱苦中拚出一條道路來，對娘子軍來說不算什麼，因爲我們大部分人是苦過來的，吃苦是家常便飯，面對任何困難，不曾畏懼。」從臺灣遠到日本，歷經三十年風霜，娘子軍團成員之一的劉桂英說這番話時，自信地挺起胸膛。

克服萬難　緊急送暖

強震後，遠在東北重災區八小時車程外的首都東京停電，地鐵停擺，人們徒步返家，甚至走到深夜還距離住家甚遠。

在新宿慈濟會所值班的志工沒有回家，趕忙打開大門，迎接既倦又累、滿心驚恐的人們入內休息、喝杯水後繼續趕路，直到凌晨一點仍有人陸續進來。那夜，慈濟志工遞上三、四百杯熱茶，以及不只三、四百句的關懷與問候。

「隔天一早我就去地鐵站等車，等了兩小時終於等到第一班啓動的列車；餘震不斷，電力中斷頻繁，電車走走停停，原本三十分鐘的路程，足足坐了三個鐘頭才抵達分會。」慈濟志工張好投入賑災工作，隨著她一起抵達的，還有隨身那袋足以過上好幾夜的行李，「地震災情這麼大，我早有心理準備，賑災工作並非一時半刻就可以結束。」

不少志工趕來幫忙，而無法前來的就在自家蒐集災情資訊，隨時向分會回報訊息，直到手機電池用盡，在斷電無法充電的情況下，也不讓自己閒下來，合起雙掌虔誠祈禱。

日本全民防災演練執行得相當扎實，學校以及企業常備保暖物品、食物及飲水。災難發生後，各地成立救災指揮中心，統籌一切已經蓄勢待發的人力與物資。

不到百位的娘子軍團，也想赴災區幫忙，但遇到與以往災難發生時相同的狀況——二〇〇四年十月，新潟縣中越地方發生芮氏規模六點八強震，造成六十八人死亡、八萬多人緊急避難，慈濟志工致電救災指揮中心表達援助之意，但是對方客氣地回一句「不需要」，就把電話掛斷了。

「日本的救援以及物資配發系統完整，慈濟志工即使有心，卻無發揮功能的空間。」陳金發說，三一一發生後，志工們冷靜地蒐集訊息，同時思考著：「受災居民最需要的是什麼？」

「即使物資無缺，但多是飯糰、泡麵以及麵包等冷食，一碗熱騰騰的食物，不只果腹飽足，還有安定心靈的作用。」機會來

見舞金發放前置作業，志工進行場地布置、搬運各項器材重物，這群女性志工可謂是巾幗不讓鬚眉。
（攝影／蕭耀華）

A I M
TOKYO
C/NO.
PAS-A3

了，志工聯繫上關東地區的茨城縣大洗町，對方表示：「我們這裏沒電、沒瓦斯，甚至也不知道路通了沒有，你們來得了嗎？」艱困情況的表白，並沒有擊退這群急於行善的娘子軍，「沒問題，只要你們願意讓我們去！」

三月十五日勘災、十六日清晨即備妥食材、飲水、瓦斯，甚至鍋碗瓢盆，並設法以人力接龍方式，購足限制配給的汽油，一路往避難所挺進，兩天共烹煮了一千八百份熱食。

災後十三天　挺進東北

災後第十一天，中斷的東北交通第一班對外通行的夜間巴士，將岩手縣議員三浦陽子帶到位於東京的日本慈濟分會來，「我們需要幫助！」她說。

當時，福島核電廠事故危機上升，多國派出專機撤僑；而從東京往東北的路途，勢必通過大家避之唯恐不及的福島縣。「但是我們沒想太多，一聽到可以進入災區，大家馬上動起來，忙著將十噸的物資搬上大貨車。」志工黃素梅說，前往災區的十幾位志工中有四位男性，其餘都是年紀超過五十歲的歐巴桑。

抵達東北後，每一條衛星導航所指點的道路都被倒塌的樓房阻擋去路，而每一道通往避難所的柏油路無不扭曲變形；大貨車進不去，他們下車將十噸物資以接龍方式，一箱箱分裝在另外三部小卡車上。黃素梅笑說：「彷彿都像是年輕小伙子，全然不服老，又上又下的，平均每個人手上至少都接過四十噸的物資！」

翌日，首站抵達岩手縣大船渡市的小學避難所，陳金發入內協調，娘子軍們忘卻筋骨痠疼，振奮著精神打開小貨車兩旁的活動車板，準備卸下物資。但沒多久，陳金發卻帶回一個令人喪氣的回覆，「他們說，他們不需要。」

接受第一個閉門羹後，慈濟賑災行動得以延展下去，除了陳金發豐富的國際賑災經驗，娘子軍團的力量無疑是關鍵推手。

柔情似水已不足以形容這群娘子軍，不如說像水一樣隨方就圓。「我常說，這群女人眞的是很有兩把刷子。」陳金發佩服她們的能力，「一把刷子是過人的氣力跟毅力，粗重的工作樣樣難不倒；而另一把刷子就是溫柔，以眞誠攻破心防，並提供肩膀給鄉親滴淚，讓他們傾訴心底的驚恐。」

於是，第二間避難所接納志工進入玄關，第三間避難所讓志工輕輕將毛毯圍繞在肩上……

溫言軟語 膚慰創傷

玄關，是進入室內的第一個仲介空間，還得經過主人家的同意，脫去鞋子、並抬腳踏上一階才得以入內。這個空間設計源自於日本建築，也顯現出日本人對於陌生人的防備。

大船渡市赤崎漁村中心，災後供漁家避難，也是慈濟志工首次進入東北災區的第二站；他們就站在玄關，穿著鞋，抬著頭，望著八位居民代表，期盼能將物資致贈給他們。

兩百多人被安置在陸前高田市廣田小學校，當來自臺灣的擁抱與溫暖披上了肩，有人微笑、也有人忍不住淚水掉落。

（攝影／黃世澤）

居民代表皆是七、八十歲的長者，靠著大海討生活，卻也讓大海吞噬辛勞一生建立的家園；站在志工面前的長者在發抖，在那個身心受創、嚴寒下雪的三月天。

站在陳金發後頭的娘子軍不忍，顧不得日本國民禮儀，從物資中取出一條又一條披肩，脫下鞋，站上玄關，用溫暖厚實的毯料裹著爺爺、奶奶微微顫抖的肩。原本神情冷淡、防備甚高的老人家們驚訝，然後感動，接著禁不住老淚縱橫……

來到第三站蛸之浦漁村中心，獲准進入，娘子軍團拿出更多的披肩、毛毯，裹住一個個身心俱疲的受災鄉親，伴在他們身邊，輕言軟語地與之交談。許多人再也忍不住地靠在他們肩上，流下災後的第一滴淚。

那一趟從東京帶去的十噸物資，透過軟實力，順利地發放溫暖給十三處避難所的居民；之後，他們數度前進災區致贈住宅被害見舞金，依舊發揮著如此的柔情慈悲。

打破建前　釋放悲傷

黃素梅曾在岩手縣的陸前高田市遇見一名男子，在千葉縣工作的他，趁著三月的假期帶著太太跟未滿足歲的女兒返鄉陪伴父母；海嘯來襲時他外出辦事，等他再回到家，妻女、父母早已隨著海水消失無蹤。

「他跟我講這件事情的時候還在忍。」五十多歲的黃素梅握著他的手說：「我的兒子也三十幾歲了，我就像你媽媽一樣，沒關係，如果你想哭可以哭的。」聽到這句話，這個男人才禁不住潰堤。

一位女士在發放現場靠在劉桂英肩上，「對不起，我再也忍不住了。」流了好久的淚，她向劉桂英道歉；劉桂英則告訴她：「不要忍，哭出來，你才會再產生力量！」

「日本人有一種個性相當特殊，日文稱之爲『建前』與『本音』，意即『客套』與『眞心』。」移居日本三十年，劉桂英認爲，外界形容日本國民性格爲內斂並不夠貼切，「日本人習慣展露最好的一面，負面的情緒以及壓力則隱藏在人後、自己的內心當中，這也是爲什麼日本的自殺率會那麼高！」

有人形容，日本人的心，就像他們的產品包裝，多層又繁複。災難過後尤其如此，許多人把悲傷藏起來，因爲他們認爲眼淚只會帶來更多的悲傷，而悲傷只會耗去重建之路所需的元氣。

但是，這群臺灣女人以臺式的大剌剌個性與女性細膩多情的慈悲，釋放一顆顆因受災而不安的心，並走進心中，以慈母的一針一線密密縫補受創的傷口。

娘子軍團 自助助人

這一群在大災大難中堅強臂膀、釋放柔情的女人們，悲智雙運地撐起了無數受傷的心靈。然而若深入去了解她們，多數是持續在生活中咬牙吃苦的普通女性罷了。

志工以熱情打開大和民族防備心房，以婉約
柔情獲得受災戶信任。

（攝影／蕭耀華）

日本分會的女性臺籍志工以經濟狀況來看，大約粗分三種類型，少數是經濟無虞的異國婚姻配偶，或因歷史背景前來日本就業的醫師家庭，最多的就是單親婦女——經歷過短暫的婚姻，獨留日本為生活拚搏的背景，讓這群身世淒涼、經濟平凡的女人聚集在一起。

三十年前，戰後的日本復甦，臺灣經濟起步，地緣之便、歷史牽扯，不少人前來工作打拚，或因異國婚姻而定居；即使膚色相近，文化價值觀仍是大不同。當劉桂英結束那一段與日籍先生的婚姻之後，帶著兩個年幼稚子站在東京街頭，無語問蒼天。

「我們離鄉背井來到日本，適應不同的文化，能接觸到慈濟這個由臺灣人所創辦的團體，覺得很開心，這是一種精神的依靠。」劉桂英說。

當時慈濟會所是個二十坪的小公寓，三間房間都僅六帖大，兩張辦公桌、一臺列表機放下去，幾乎沒有旋身之處。但是這群女人喜歡來這裏，「可以聽到臺灣話、吃臺灣的食物，甚至一些

創辦日本慈濟分會的謝富美已返臺定居，三一一災難發生後，年屆七十的她立即回日本幫忙。

（攝影／蕭耀華）

生活細節都是臺灣式的，大家相互慰藉；對我們來說，這裏就是娘家。」

二十年前，她們拖著殘破的心走進日本分會大門尋求慰藉，至今她們撐著逐漸老弱的身軀行走在坑疤的災難大地，給予慰藉。或許心靈上或是現實生活中的大小災難沒有眞正遠離，但慈濟永遠都是他們最堅實的心靈港灣。

「四十五年前，慈濟功德會若不是因爲那三十位家庭主婦，或許不會成立。」劉桂英反思日本分會早年成軍的陣容，通透出一個想法，「二十年前，日本分會若不是有這一群媽媽，也不會成立吧！」

「在慈濟有一句話，女人當男人用，男人當超人用。但是在日本，這些女性是直接跳級當超人了！」陳金發身爲日本分會督導，讚歎不是沒來由，「尤其在這一次三一一大災難之後，更能見證她們的精神與能力。」

三月十一日大震後，日本慈濟志工立即以電腦視訊與在臺灣的證嚴上人連線。師父一句關心，讓大家流下眼淚，卻不敢哭出聲，在餘震晃動中，堅強地微笑應答：「沒事，我們都好。」

（攝影／吳慈涓）

堅強臂膀　溫柔依靠

這群女人，她們歷經生命考驗與迭起，咬牙以毅力撐過一切，但是遇到世紀大難，其實她們不像陳金發所說的，是超人，她們也曾無助、害怕過。

災難發生後，日本分會立即與臺灣慈濟本會視訊連線；上人問志工們平安嗎？輕柔關懷似母親，娘子軍團鼻子紅通，眼睛發熱著。

「我們都是出外人，那麼大的災難來臨，我們一邊助人，自己也很無助。」志工陳雅琴說起那一天，心頭仍忍不住漾起激動，「就好像孩子發生什麼事情，媽媽的聲音從電話那一邊傳來……」

精神導師給予力量，婆婆媽媽振作精神。劉桂英說：「我們做當下該做的事情，但是也緊張，接下來該怎麼賑災？我們毫無經驗。」三月十二日，陳金發從臺灣飛抵日本，娘子軍團總算鬆了一口氣。

陳金發的志工編制雖然歸屬臺灣，但因爲生意關係，頻繁往返日本，擁有豐富志工經驗的他，因此承擔起日本慈濟分會督導一職。「車上的收音機傳來日本地震的消息，我趕緊打電話到日本分會了解，然後下一個動作就是訂機票。」

當核災情勢愈發嚴重，家人希望他返臺時，陳金發說：「只要飛機還有飛，外交單位沒有說日本不能去，我就要去。」這不只是因爲他擔任督導一職，更重要的是他心繫著這群娘子軍。

「第一次前往東北賑災，他連著三天晚上對我們行前叮嚀。」劉桂英笑說，別的賑災團行前叮嚀一次即可，爲了讓這群歐巴桑趕快進入狀況、立即上手，陳金發的用心可見一斑。

負責管理財務的劉月英，還記得第一回到災區發放，地板坑坑洞洞，推車上的日幣現金相當沈重，她的弱小之力並不足以應付，「但是我一想到這是全球三十九個國家地區的慈濟人在大雪中、烈陽下甚至是大雨中，彎腰鞠躬募集而來的愛心，我一定要

把這分愛推出去！」

然而，災區鄉親傾訴的故事，偶爾在夜深人靜時將娘子軍的心擊垮。「海嘯來的時候，她一手拉著母親，一手拉著女兒，實在沒力氣了，於是放開母親，用兩手的力量把女兒拉了上來。另一個男子則是一手抓著兒子、一手拉著太太，但是後來他不得不放開太太的手……他們問我，他們是不是做錯了？」劉月英也不知道，這人生悲劇該如何面對與承受。

「這些日子來，我們像輪子一樣一直轉、一直轉，每天張開眼睛，就要繼續轉下去，很難停下來喘口氣。」兩百多天的心靈撼動、體力耗損，可謂身心俱疲。

「但是我們沒有倒下去，因爲我們知道，這場世紀災難，動起來的不只有日本，還有全球各地的慈濟人。」八月，日本慈濟志工回臺灣參加全球志工營隊，鼓勵加油的話語和暖暖的法親關懷未曾間斷。「當時我多想要趴在他們身上，謝謝他們給我們力量。」劉月英說。

國際賑災經驗豐富的陳金發，災後翌日趕抵日本帶領賑災工作。為了讓志工盡快進入狀況，有時難免嚴肅；然面對受災鄉親，則展現溫柔赤子心。

（攝影／林炎煌）

日本分會執行長張秀民也堅定表示：「雖然也會有脆弱的時候，但是我們不害怕，因爲全球慈濟人就是我們的肩膀，是最強而有力的後盾。」

●

自二〇一一年六月到十二月下旬，十梯次慈濟賑災團前往東北重災區致贈數萬份住宅被害見舞金，一戶家庭按人數可以領取三萬、五萬或七萬元日幣；對於物價高昂的日本來說，論幣值、論廣大的受災人數，這份見舞金顯得杯水車薪，但是娘子軍團所帶來的愛，卻可能造就一世情。

鄉親們前往避難所、入住組合屋，甚至到外地租屋，耐心等候重建復甦。在這些臨時居住地的小小庭院中，許多人撒下俗稱「朝顏花」的種子，一位居民說，此花慣在朝陽初升時綻露美麗，因得美名。災後人人栽下它，願如它一般，能在旭日的沐浴下，展露重生的曙光。

而東北地區的居民也以朝顏花形容娘子軍團。一名鄉親說：「這群臺灣女人，給我們的感受就像是朝顏花，燦爛得彷彿生命永遠充滿希望。」

朝顏花，在臺灣被稱做牽牛花，生性強健且四季開花，生命力旺盛。這群從臺灣飄洋過海的娘子軍團，正像那色彩繽紛的喇叭花——是日本燦爛的朝顏，也是臺灣堅毅的牽牛。

願能貢獻更多——陳量達

撰文／葉文鶯

若不是這場大災難，他也許還是在東京灣上班的科技公司新貴，有空參與志工就好；就在賑災工作啓動後，每當與官員接洽出現困難，對日本社會及日語有良好掌握能力的他，是志工們想到的第一人選。

半夜兩點，陳量達來到位於新宿的日本慈濟分會。一樓已經淨空，二樓的燈還亮著，分會成立救災中心，志工還在商討急難救助事宜。

下午大地震發生後，餘震不斷，陳量達位在東京灣的網路公司宣布所有電腦關機，以免資料流失。同一企畫小組成員十多人聚在一起，只要地震一來，他們就蹲在會議桌下並抓住桌腳。大會議桌很重卻仍被震得移位，一名女同事一直在尖叫。

具備良好語言及應對能力的陳量達（左），與陳金發搭配成為賑災工作重要的對外窗口。在宮城縣多賀城發放現場，他們一同向市長菊地健次郎介紹慈濟見舞金。

（攝影／葉文鶯）

傍晚餘震漸少，公司請能回家的人先回家。但是電車停駛，而且攔不到計程車，有人步行或是騎自行車返家，也有人準備留宿辦公室。得知電車復駛後，陳量達決定前往日本慈濟分會。

「災難發生，分會一定有事需要幫忙。」身在日本的慈濟志工大多和陳量達一樣，災難發生後自動以電話或網路和分會聯繫、報平安，東京區內的人更設法向分會所在位置移動。

陳量達搭上深夜十二點的電車，車班少、站內人潮擁擠，而且一進站就停很久，因爲必須確認鐵道安全才能逐站開放。這時的他，並不知道東北地區在大地震後又發生了驚人的海嘯。

●

出生在馬來西亞的佛教家庭，陳量達高中畢業後以優異成績申請獎學金赴日求學，一路從大學念到研究所，又在日本公司歷練了六、七年；三十四歲的他深入佛法與慈濟理念，對日本社會及日語也有良好的掌握能力。

所累積的資歷與能力，彷彿是爲了這場重大災難後，必須及時且具延續性的援助行動預作準備。

以家庭主婦、打工族爲主要成員的日本慈濟分會志工，利用家事餘暇、趕在下班後或假日，和假期中的慈青學子，一起展開漫長而艱辛的東日本賑災馬拉松接力。

三一一隔天是週末，陳量達連續兩天留在分會幫忙。因電車仍不方便，隔週一、二，公司採取在宅勤務，週三至週五由各部門自行排班。陳量達這一組人每天有二、三位同事輪值，並體恤家住遠地者不必到公司；陳量達也一星期沒進辦公室，因爲同事知道他是慈濟志工，成全他災後十天專心參與救災。

同事愈是體貼，陳量達愈守住本分。既然是在宅勤務的工作型態，公司有事他必須透過網路及時處理，也因此他只參與賑災規畫與準備，並沒有前往大洗町參加熱食發放。

三月十三日，日本分會拜訪臺灣駐日經濟文化代表處；十四日，在代表處祕書處人員陪同下，又拜訪總務副大臣鈴木克昌。陳量達都有參與，負責將官員的日語翻譯成中文，協助陳金發了解溝通內容。

分會絕少男眾志工，要找到具備嫻熟日語能力與官員溝通的人，陳量達可說是最佳人選。三月二十三日上班時間，他接到分會通知，志工將於二十四日出發到東北勘災。他知道分會需要他，但他必須請示主管才行。

部長與兩位課長早已知道他參與慈濟，並得知志工已經到大洗町發放過熱食。當陳量達告知週四、五想請假前往東北勘災時，部長立刻同意但也關心詢問：「安全嗎？」

事業賑災兩頭忙

日本人說話有所謂的建前與本音，也就是委婉客套話和眞實語之分。對於這部分語言應對的拿捏，並非只能說日常用語的志工足以勝任。於是，每當志工與官員接洽出現困難時，陳量達是他們第一個想到的人。幾次與志工領隊陳金發搭配翻譯，向官員說明賑災方向，已使兩人成爲合作無間的重要對外窗口。

體諒陳量達身爲上班族，既然與官員溝通缺他不可，陳金發調整前往災區洽談的時間，配合他週五下班後再搭乘夜間巴士出發。災區公務員沒有假日，他們談完後隔週一早返回東京，陳量達直接換上衣服到公司上班。

新幹線恢復行駛後，往來災區交通更便捷，東北賑災之路的洽談也愈來愈順暢。然而，一旦洽談稍有進展，若能再待上一天直接確認是最好的，可是再多留一天，讓陳量達內心十分掙扎。

他平常很少請假，除非回馬來西亞探親；然而，三到六月爲了慈濟賑災，他已經用完三十多天的年假。爲了讓廣大東北災區能夠獲得及時援助，他硬著頭皮打電話向主管臨時請假，當他聽見自己以「今天有一點小頭痛」爲由請假時，他其實是「很頭痛」的！

所幸權衡這些利弊得失，所做出的「個人犧牲」，總算值得。原本一開始，他感覺慈濟要在日本直接發見舞金實有困難，尤其要對方提供相對的協助與資源，簡直不可能；沒想到經過一次次眞誠地溝通，竟然漸漸打開發放見舞金這條路。

「只要他們了解慈濟之後，反應就不一樣了。」陳量達認爲，與其向未曾與慈濟接觸過的日本官員，介紹慈濟可提供哪些資源或多少物資，不如讓他們了解慈濟國際賑災的理念與作法；一開始的信任關係建立後，官員通常樂意接受援助。

從岩手縣陸前高田市、釜石市、大槌町、山田町，再往南至宮城縣氣仙沼市、南三陸町等，慈濟親手發放見舞金的作法，獲得地方官員認同，從被動到後來主動向慈濟提出需求。只要有地方提出需求，慈濟就去評估；評估後，一梯梯的發放工作便開始進行了。

陳量達也佩服此次負責洽談的志工領隊陳金發，由於他豐富的國際賑災經驗，不但充分表達慈濟賑災的理念和作法，針對官員提出的疑問，也能給予最好的回應。雖然只是從旁翻譯，陳量達自認爲學習到不少。

第一次參與國際賑災的他，對於慈濟所秉持的「直接、重點、尊重」等原則，倒背如流；但至於「重點」原則，他起先以爲賑災「重點」應放在受災最嚴重的地區；事實上最嚴重的災區大多受到最多的關切，這時的「重點」反而是「最迫切」需要援助的地方。

志工各有家業，大多需要爲生計打拚；爲了接力到東北賑災，必須付出時間、體力和金錢。然而，大家全力付出的身影讓整個日本分會熱鬧又溫暖了起來；陳量達看在眼裏盡是感動，他慶幸自己仍然單身，才能挪出稍微多一點的時間盡一己之力。

職志合一盡全力

自小接觸佛教，他在一次佛誕節活動中看見慈濟志工整齊的隊伍，留下深刻印象，於是到書局尋找有關證嚴上人的書籍。二十歲高中畢業後來到日本，他先在大阪念語言學校，接著到東京念大學、研究所。一九九九年四月日本分會成立第九年，他就歸隊成爲志工一員。

當時慈青人數很少，會所舉辦的活動也不多，大部分是茶會、聯誼會等；他偶爾聽志工講講慈善個案的故事，或幫忙製作雙月刊、關懷街友。畢業後，他承擔分會的活動策畫，三一一地震發生時，他手邊正策畫十月的「父母恩重難報經」音樂手語劇演出。

他的個性沈穩又溫和，加上職場上的歷練，很容易與委員志工溝通合作；也因爲年輕，故能凝聚慈青的力量。慈青稱他學長，他就像個大哥，底下的弟弟、妹妹都想向他看齊，還說只要學長走在前，他們會跟著一起往前衝。

若不是三一一這場大災難，他也許還是在東京灣上班的科技公司新貴，有空參與志工就好；然而，就在日本東北賑災工作啓動後，由於他扮演著重要角色，陳金發等志工向上人推薦延攬他成為專職人員。

陳量達思考自己踏入日本社會六、七年，所進行的網路工作對於社會的貢獻並沒有很多；如果在慈濟有因緣讓職業與志業合一，他覺得更有價值。於是自二〇一一年七月一日，由慈濟志工轉任職工，輔助日本分會志工團體的運作。

當地志工人人有心，但顧及家庭與工作，少有人能夠全心投入。陳量達認為，雖然大家在忙碌中已經盡力，但是慈濟志業要能夠在日本社會發展，必須了解日本人的做事方式；即使是救災行善，一旦缺乏事前妥善計畫，便容易給人有失慎重的感覺。他希望能協助分會建立行政體制，將這部分的環節再叩緊。

此外，「上人一直要我們人間菩薩大招生，因為我們沒有做好，所以賑災要用人時沒有人。」陳量達指出，自第八梯次發放開始，上人慈示不再派遣臺灣志工前來支援，他能體會上人的用心良苦。

「全球災難這麼多，上人希望我們更自立，我也覺得我們應該要自己承擔。」陳量達認爲，在這麼大的災難中，志工人力少的情況下，更應把握機會提升自己，培養不同專長以隨時補位。

「日本的慈濟委員大多來自臺灣，會員大部分是臺灣人。既然我們人在日本，就應該努力接引日本人投入慈濟；唯有落實本土，愛的力量才會大。」三一一賑災已完成及時的見舞金及物資發放，人間菩薩大招生將是他們接續的重點任務。

日本慈濟分會成立屆滿二十一周年，仍以女性志工占多數；三一一賑災告一段落後，人間菩薩大招生將是接續的重點任務。

（攝影／林炎煌）

se to
Mission
行動】
證嚴上人
大悲無怨，大喜無
憂，大捨無求，這種
大慈大悲，用這樣的
歡喜心投入。

志工筆記

看見樂觀與勇氣

陳雅琴口述／葉文鶯採訪

三月十一日那天我在分會值班，還有一些志工在開會。強震後電話不通，我們打開電視，看到海嘯席捲東北的驚人畫面；又得知接下來海嘯警報範圍將包括臺灣，大家都到二樓佛堂祈禱，希望災難不要再擴大。

大眾運輸工具停擺，很多人茫然地在路上疾行。那一天東京的天空，陰冷又下雨，好像老天爺也在爲這片土地遭遇的苦難而流淚。

分會一樓，椅子已撤往兩邊，留下兩張桌子放熱水瓶泡茶，門口張貼著歡迎入內喝茶、上廁所的海報。電話不通，我們以網路發出訊息，直到半夜一、兩點還有志工騎腳踏車趕來幫忙。

有男生在外張望許久，才小心翼翼詢問：「可不可以進來上廁所？」用完廁所的人好奇地問：「請問這是什麼店？」志工告知是臺灣佛教慈善團體，知道大家長途趕路回家很累，希望提供地方讓大家歇個腳。他們聽了直道感謝。

請人家喝杯茶好像沒什麼，但在那個夜晚、那個當下，對許多受驚而且長途步行回家的人來說，一杯熱茶，溫暖也安定了他們的心。

那晚我留守分會，天氣很冷、凌晨又有餘震，幾乎睡不太著。好不容易等到天亮，我想電車或許已經恢復行駛，九點就出發步行到新宿車站，準備搭車回到位在埼玉縣的家。車站裏滿滿都是人，人人歸心似箭；過了兩班車仍擠不上，直到第三班才被人群推進車內，身上有些東西都被擠掉了，站在車廂中連轉身都難，彷彿世界末日般。

回到大宮，已將近下午一點，平常一個小時的車程，這天整整四小時才到家。災後聯絡不上先生，反而是臺灣的妹妹透過網路告訴我，有和先生取得聯繫，他很平安。直到回家看到先生，我的心才放下來。

證嚴上人常說：「頭頂人家的天，腳踏人家的地，要取之當地，用之當地」，這片土地及人民受到如此大的災難，我也想盡一己之力來協助。此時聽說花蓮本會有救援物資要來，我和先生就幫忙找倉庫；我在佛堂祈求菩薩讓我順利找到倉庫，而且負擔得起租金。

透過先生大學學長的幫忙，三月十六日我們拜訪了市議員，市議員協商到一家暫時歇業的商店，表示可免費提供我們三個月作爲倉庫。他不只立刻把鑰匙交給我們，並告知有保全，不必擔心物資安全。

賑災物資要進倉庫那天，先生的學長找了三十多位日本人來幫忙，總共搬了三千多箱貨。儘管我的腳動過大手術，行動有些不便，一樣跟著大家搬；只是連續搬兩天下來，我拿筷子吃飯時手都會發抖。

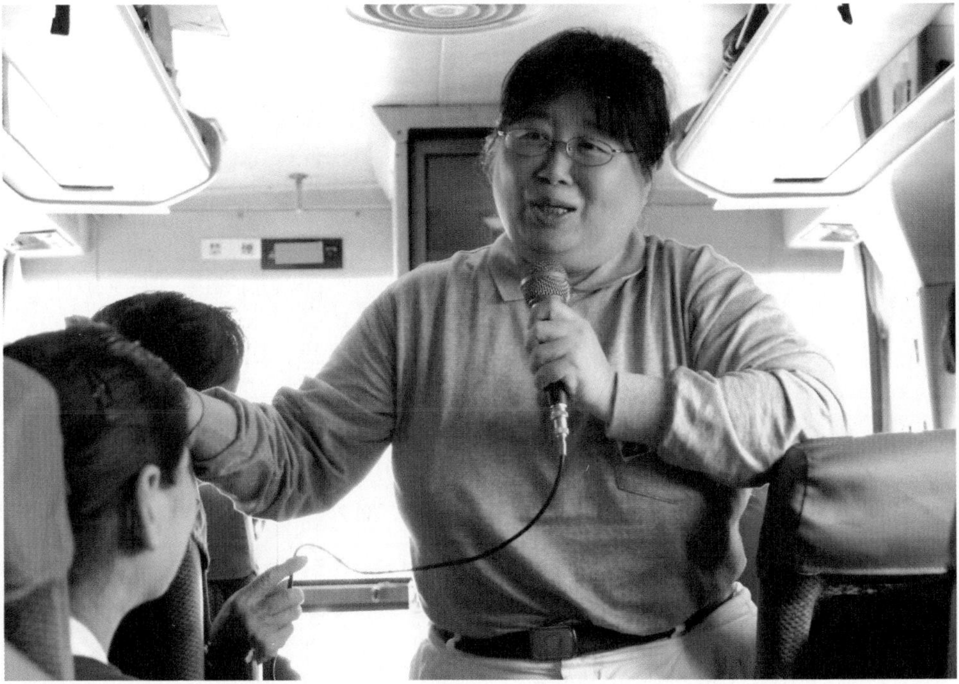

賑災團前往宮城縣氣仙沼市發放途中，志工陳雅琴等人把握時間分享心得。

（攝影／黃筱哲）

這次災難給我最大的體悟，是上人常說的「行孝、行善不能等」。災難發生在瞬間，如果不幸遇上了，行孝、行善的機會就沒了，那麼人生賺再多的錢又有什麼意義？

我在臺灣曾經加入過慈濟會員，來日本後就中斷了；二〇〇一年母親往生，我回臺灣兩個月，看大愛劇場很感動，但一直到二〇〇八年才在日本慈濟分會重新歸隊。

多年前我的腿因爲腫瘤開了大刀，醫師預估兩個小時的手術，後來卻開了十三個小時，開得範圍很大，韌帶割掉五分之一，將背部皮膚移植到腿上，但背部因血管接不通，又換小腿的血管，每次換藥我都痛得大叫。醫師預估要住院三個月，但我不想把生命浪費在病床上，住院第三十五天就堅持出院。

我向來求好心切，不願意一輩子坐在輪椅上，決定提早展開復健。第一次腳踏到地板時，血往下流到腳底，好像鑽入骨髓般劇痛；而且平衡感變得很差，經常跌倒。但我跌倒後馬上爬起來，一步一步靠走路復健。半年多後，終於可以不靠枴杖行動；

術後手的肌肉拉緊而舉不起來，也是努力復健一年才恢復。現在走路時，外人已看不太出來我的腳有問題，只是不能跑。

開刀後的傷口，讓我從此沒有勇氣穿泳衣、不能洗溫泉，所有洋裝、A字裙和馬靴都必須放棄。我常跟醫師抱怨——爲什麼要開這麼大範圍的刀！醫師總是跟我說：「命還在就好，那些都不重要。」我卻認爲那些對我很重要，所以常怨天怨地。

直到三一一後，第一次去重災區岩手縣大槌町發放，從發放的小學望出去，被海嘯席捲的大地滿目瘡痍，什麼都沒有；突然覺得自己很幸福——發放完畢，還有個家等我回去。那一刻，感恩心取代了長久以來的抱怨。

一位太太來領見舞金，她邊掉淚邊從皮包取出一張照片，那是她繪畫比賽得獎的作品，曾在東京美術館展示過，如今畫已流失。我告訴她，若再畫一次，一定會畫得比以前更好，「只要活著，就有希望！」婦人聽後不再哭泣，帶著笑意離開。

日本政府大多先讓人塡寫資料，再將義援金匯入銀行；但慈濟是現場辦完程序就能拿到現金，所以當有人拿到見舞金信封時，都還不敢相信這麼快就能領到。有位老先生領到見舞金，退後幾步慎重敬禮說：「請將我的心意傳達給你們最高領導者。」

先生負責引導時，一位阿嬤跟他握手，他感受到阿嬤傳遞給他的感謝；只是阿嬤年紀大了還受此苦難，讓他很不捨。我和先生分享，災後失去一切，不知道明天在哪裏，要活下來需要多大的勇氣！如果換作我們，在避難所那麼惡劣的環境，天氣冷又沒隔間，還要接受救濟衣物和食物配給，是否還能堅持到現在？

災難總會過去。鄉親們的樂觀，給了我很大的啓示，讓我不再抱怨長腫瘤、傷口開得太大、花錢去健身房運動還被拒……

一次又一次遠赴東北賑災，回來後我轉念了——還好開刀留下命，如今才有力量奉獻！

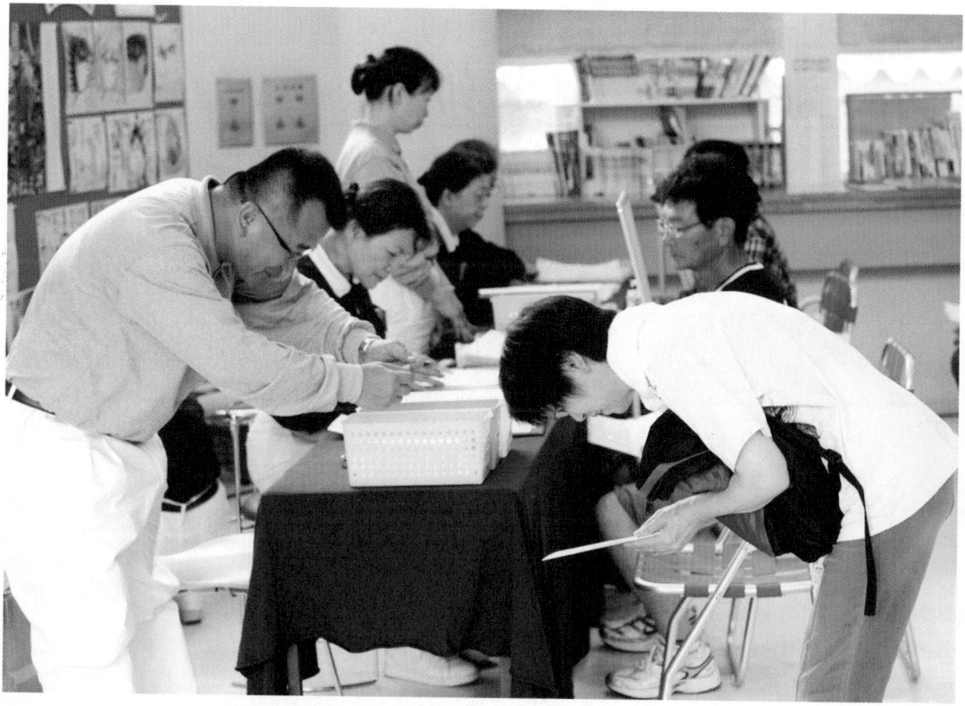

陳雅琴的先生劉英吉（左一）在日本經營遠洋航業，發放現場哪裏有需要就補位；身為大老闆的他，自告奮勇爬到高處掛布條，也身段柔軟地服務受災鄉親。

（攝影／蕭耀華）

無法背負　卻能陪伴

黃素梅口述／葉文鶯採訪

我在東京一所中學夜校學日語，那天和同學分享參與志工的心得，講完正喝茶時，剛好強震來襲，大家都躲到桌子底下。回到家，我趕緊聯絡日本慈濟分會，秀民師姊表示有值班志工，現在交通不便，不必急著趕過去。

晚上看新聞，我才知道災情非常嚴重！心裏繫念著分會，第二天早上不到八點，我就帶了行李出門，做好長期駐紮的準備。我住在大田區，要到位在新宿的分會，必須在品川換車；但很多動線進行交通管制，人潮擁擠根本動彈不得，電車走走停停。性子急的我，當下也只能和大家一樣靜靜等著。平常一個多小時車程，那天到分會已經下午兩點。

初期，志工忙於和災區各地方政府接洽、溝通賑災事宜，同時展開募款作業。

三月十二日，我去蒲田警察局申請道路使用權，三月十五日志工們開始上街頭，到新宿、大久保等車站募款。即使到我家附近的蒲田，我也是過家門而不入；一直在分會住到三月底。那段時間經常有物資進來，要搬東西，每天最多有八、九十位志工來幫忙。

●

三月十九日，岩手縣議員三浦陽子打電話來分會，爲陸前高田和大船渡市求援；她說目前最缺乏的，是食品和女性衛生用品。我們表示可以先送十噸卡車的物資過去，請她幫忙調查路況，萬一路況不利大卡車通行，我們會多準備一些小車。

三天後，三浦女士專程來東京拜訪，並安排慈濟人三月二十三日首次深入東北，到陸前高田和大船渡市勘災。

第一次勘災面對很多未知數，志工們心裏都沒有底，也很緊張。一路上我跟三浦女士保持聯絡，車子一下岩手交流道，她就來帶路，安頓好物資及志工的住處。

我們住在老人洗腎中心松原苑的地下室，那裏牆壁裂開，很難說安不安全，但也別無選擇，入住第一件事就是確認緊急逃生口位置；有水可以沖廁所，但不能洗澡，所以連續四天大家都沒有洗澡且和衣而睡。

我問三浦女士，這裏有沒有臺灣人？她爲我們聯絡了住在盛岡的吉野醫師，他本姓謝，來自臺灣。吉野醫師很快就帶朋友來看我們，還爲我們準備兩個裝滿熱水的保溫瓶及一鍋飯；之後更協助我們號召志工來幫忙發放物資。

釜石市市長野田武則與三浦陽子是朋友，積極爲市民爭取外援，對慈濟也很信任，所以促成釜石市成爲慈濟六月份第一梯次見舞金發放的兩個城市之一。在釜石和陸前高田發放過後，中央就讓慈濟與地方政府直接聯繫。

二〇一一年七月十七日，在岩手縣陸前高田市立高田小學校發放現場，志工黃素梅與等候領取見舞金的鄉親話家常。

（攝影／蕭耀華）

從東京到東北，搭電車非常昂貴，經常來回的交通費對志工而言是很大負擔。所以我們都是搭九人座車，六點鐘從分會出發，大約下午四點抵達，單程將近十個小時。我雖然罹患過癌症，但體力還算好，只希望賑災工作能順利進展。

證嚴上人眞的很慈悲，宗教處謝景貴師兄第一次來勘災時，就帶了輻射偵測儀又發N95口罩給大家。穿越福島時，我們坐在車內又戴口罩，但是沿路看到農民都沒有這些防護措施。

在災區看見自衛隊在找屍體，體會上人常提醒大家的「世間無常、國土危脆」，自己的心情好像每天都有點悲傷。

大型避難所較不缺物資，但許多人都吃冷飯糰。最初一個飯糰三人分著吃，後來一天發兩個飯糰，大部分人會留下一個，以防萬一又有大地震或下一餐沒來，我聽了很心酸。

我出生在桃園鄉下，養父靠捕魚維生，家境不好，小時候我曾經羨慕城市的同學帶便當，而我家一個蛋要三個人分著吃——哥哥、妹妹和我。

日本人對日本人較矜持，對外國人較能眞情流露；我們面對受災民眾，話不必多，往往只是輕拍他們的背，他們就哭了。

讓我最震撼的是在氣仙沼市，一千多人住在一個大型避難所，白天尚可活動，晚上排排睡，孩子難免哭鬧，老人家起身上廁所必須小心翼翼跨過很多人……環境如此克難而且不知道要忍耐多久，他們卻能彼此互助，例如歐巴桑們會相互剪頭髮。

東北災區大多是漁民，船就是他們最大的財產，海嘯後船流失了，無力繳納貸款，雖然國家允許他們暫時不用繳，但心理仍是會有壓力。

在見舞金發放現場，我就遇到四十三歲的伊藤涉，他是東松島的漁民，養殖小鮑魚，災後失去一切，住進八王子的避難所。短期回不去東北老家，也找不到工作，他幾乎夜夜失眠，有憂鬱傾向。所幸他有在就醫，也已申請生活保護。

日本人比較自制，像伊藤涉這樣特殊個案，需要長期關懷，我們會留分會的電話給他們，希望保持聯絡。儘管我們力量有限，無法背著他們走，但至少可以陪伴他們，盡可能協助他們走出來。

例如來慈濟當志工，就幫助許多受災民眾走出傷痛。自七月氣仙沼市發放開始，我們製作了「祈福卡」讓民眾紓發心情；有些民眾留下地址、電話，方便志工聯繫。

我不論在關懷或活動組，一定鼓勵民眾寫下聯絡方式；九月在東松島發放，我們那一組發放三千多戶，竟回收了兩千多張！所以後面幾次發放，邀約到許多東松島人來當志工。

●

我的哥哥和嫂嫂都在臺灣做慈濟，我本來想捐款就好，沒有想要當志工。一九九一年我還是東京銀座的媽媽桑「優美子」，正與金錢打滾；忽然間發生很多事，我認為應該找慈濟，所以自己打電話到日本分會；從此一步步走進慈濟。

那時志工人力很少，我們在宋吳卻師姊提供約二十坪左右的三軒茶屋，同時做很多事。福嚴精舍厚觀法師念東大時，菩提會借用三軒茶屋共修，我們在分會值班就一起聽課。我聽過《成佛之道》、《菩提道次第廣論》等；有佛法作基礎，我更肯定自己要走慈濟路。

我和日本先生當年戀愛結婚，他對我很好，但他要一個能在家的太太；當時我認為自己很辛苦來日本打下事業基礎，不甘於守著先生和孩子。所以分居兩年後，我們還是分道揚鑣；離婚時，兒子才四歲。

我過去曾做生意，也經營過酒店，最多同時開三家；因為有錢，布施也很大方。學佛後，一位法師告訴我，這就像以竹籮撈水，邊撈邊漏；若有心走修行路，要先關掉酒店。所以我一九九四年把酒店收掉，一九九六年受證慈濟委員。

在經典中讀到女人的障礙和無奈，我曾想過要出家，快點「女轉男身」。家人不會阻礙我；唯一的兒子已經當醫師，而且參與慈濟人醫會，他贊成我出家。只是我習氣重，又缺乏出家環境，所以終究沒有出家。

出家不成，至少要在慈濟菩薩道上好好精進。二〇〇九年臺灣發生莫拉克風災，日本慈濟人也上街募款，當時我剛結束乳癌化療，頂著光頭就跟大家到處跑。

日本這次輻射事故傳出後，哥哥和嫂嫂要我回臺灣，我安慰他們，照一次電腦斷層的輻射量比日本福島更大。

我今年五十七歲，在臺灣只有二十幾年，來日本三十多年，這裏已經是我的家；對日本這次巨大災難感同身受，不會擔心自己安危。地震當時，兒子正好在爲病患手術，用備用電力繼續完成手術。災後他一天也沒休息，都在醫院工作，我也一直在慈濟忙；我和兒子都不願離開日本。

我的心思沒有放在疾病上，不會擔心自己的身體，若世壽該盡，我也接受，只想把握時間快樂做事。我很節省又有存點錢，不愁往後日子；兒子一個月給我五萬圓，我想幫他圓滿慈濟榮董。我告訴兒子：媽媽所有的錢，都會在往生前布施出去。

謙遜柔韌　打開賑災路

陳植英口述／葉文鶯採訪

我父母是上海人，家族經營毛料工廠，一九四〇年代移居香港，後來到日本從事毛料貿易並定居。我在香港出生，兩歲來日本，二十三歲到澳洲經手羊毛生意，經常往來澳洲和臺灣。

三一一那天我在雪梨，預計隔天到臺灣。聽到日本地震消息，心想這對日本人來說是家常便飯，並沒有特別在意；直到晚上看電視，才知災情慘重！

日本是我成長的地方，日語可以說是我的母語，對這裏有很深的感情。我立刻發了一封電子郵件到日本慈濟分會，表示有賑災行動時，我會趕回去配合。

一直聯絡不上住在東京的父母，大約晚上十一點才接到父親的電話。住在老人公寓十八樓的他說，雖然搖晃很大，所幸平安無事；地震後電梯關閉，年輕人扛著飯糰到各樓層發送。

我還是如期先回臺灣，等了一個星期，心裏很焦急，於是和從日本回花蓮定居的林素子、日文志工陳秀蓮，一起進精舍請示上人：是否能去日本支援？上人同意了，表示分會現在很缺人手，也一再叮嚀我們勘災時要小心。

三月二十日到日本時，賑災行動還是千頭萬緒，志工已經去過大洗町煮食，正尋覓發放物資的管道。我接到任務和志工陳金發、林眞子、森元雅琴同行，到議員會館救災協調中心溝通賑災事宜。

接見的官員沒有給我們明確答覆，表示要等待各個地方政府提出需求。之後，另一位國際部官員來和我們會談，聽完我們簡報慈濟國際賑災經驗後，曾到過印尼亞齊的他，很驚訝我們爲印度洋海嘯受災民眾蓋房子，認爲慈濟可以協助日本災區中、長期計畫；他立刻打電話給一位內閣官員，讓我直接和對方溝通。

閣員請慈濟再等等，有需要會立即通知。我們心裏很急、很想幫忙，卻得不到正面答覆。後來，他們請我們到災區，直接與地方政府接洽。

從東京到東北要九到十小時，我們隨車帶的輻射偵測儀在東京測量到零點零三；經過福島休息站上升到零點三，明顯升高十倍。大家決定穿越福島前後兩小時都不停車，向北疾駛而去。

慈濟人不怕輻射嗎？我想沒有人不怕。輻射雖然令人害怕，但我年齡大了，等輻射發生作用也老了；眼前災情如此慘重、需要幫助的人很多，不應該爲未來不一定會發生的事，顧慮太多。

來到東北，慘重的災況實在令人不可思議！雖然透過電視看到大水席捲人車的空拍畫面，但總覺得遙遠而難以置信；此刻眞正置身其中，實在很感傷。

在海邊勘災時，一位女士告訴我，地震後她先把父母接到她經營的伴唱店，又去幫助附近年長者疏散，沒想到大浪沖進店裏，等她再回來，父母已經不在了！

日本人不喜歡被人看見不好的一面，可能是我們穿著制服，而且一進避難所就謙遜地問候大家，他們的態度開始一百八十度轉變，紛紛陳述自身遭遇、主動對我們傾訴心聲。

在岩手縣釜石市見舞金發放現場，日語流利的陳植英負責諮詢窗口，為前來領取見舞金的受災鄉親解惑。

（攝影／林炎煌）

來到一個大型避難所，看到人們只吃麵包、飯糰，用紙板隔起一張榻榻米大小的地方睡覺。很多人不一定有勇氣面對，無奈卻也沒辦法，心情正如日本人常講一句「不甘心」——雖然輸了但不甘心、不接受。實在很難用言語安慰他們。

我們自備毛毯和睡袋，借住在已經撤離清空的老人院，一邊勘災一邊發放物資。餘震頻頻，我們和衣而眠，但天氣很冷睡不安穩；那一刻，我想到在沒有暖氣的避難所，失去家園甚至親人的人，這種生活不知還要持續多久？心中很不忍。

日本民族性不習慣接受幫助，有些人表現出高傲的態度，不怎麼理會志工；儘管如此，志工還是身段柔軟又縮小自己。日本人也很重情義，不少人領到見舞金隔天，就拿糖果、餅乾回送慈濟，甚至一起來當志工。

我要深深感謝打前鋒的日本慈濟委員——他們謙遜柔韌且溫暖的態度，讓老人家有如見到自己的兒女回家探望；也因此漸漸打開慈濟賑災之路。

持續心靈充電

撰文／謝玉潔

我在東京語言學校上課，三月十一日那天學校舉行結業式，典禮結束後我把行李從學生宿舍搬往新家，再提著空皮箱準備折返宿舍。

過馬路時，感覺地面微微搖動；抵達對街後，搖動愈發巨大還伴隨著狂風。我看到一旁的老太太差點站不穩，更可怕的是眼前一棟五層樓公寓強烈震動，許多路人害怕大樓倒塌，紛紛走到馬路中間，公車也左右搖晃接近傾斜！

地震稍停，一旁的便利商店傳出濃濃酒味，原來玻璃瓶碎落一地。我在車站等了兩小時，還是等不到電車復駛，從車站的大電視看到怵目驚心的災情，決定步行前往位在新宿的慈濟分會。

手機無法通訊，排隊打公共電話到會所，問清楚確切的行進路線，師姑們提醒我路途非常遙遠；但我除了馬上動身，沒有其他選項。

拖著行李箱，一步一步走往分會；多數人是從新宿走出，我跟人群反方向。看到對向人山人海，當下著實有「逃難」的感覺。我不知道自己究竟走了多遠，至少有十公里吧！也不清楚到底是什麼樣的意志力支撐著我；只知道到達分會那一刻，身心俱疲，眼淚幾乎奪眶而出！

但我沒有休息的餘裕，因爲志工們已經動員，爲所有步行回家的上班族敞開大門，提供熱茶暖身，也開放洗手間讓大家方便。得知母親曾從臺灣打電話到分會確認我的平安，我就安心了！不去理會腳上磨出的水泡，專心投入賑災。

地震後那一週，我幾乎在分會度過每個夜晚；看到許多人主動來參與志工服務，不分你我、不挑工作；我感受到人人都是一粒粒善種子、是慈濟不可或缺的一部分。

輻射外洩問題一天沒有緩和，賑災工作就無法進行。幾位慈青決定先回臺灣讓家人安心，師姑們也鼓勵我回家，之後再配合分會的賑災行動。

要暫時放下賑災任務回臺灣，我萬分猶豫——臺灣的家人看到媒體報導，擔心我留在東京的安全；但我也放不下師姑們，她們雖然是意志堅定的娘子軍，但還是會疲倦，有些人災後幾乎沒回家，睡眠極度不足。沒有我們這群孩子的陪伴，師姑們會不會過度操勞呢？每次想到這裏，眼淚像關不緊的水龍頭頻頻流下。

三月十九日早上，我搭乘往成田機場的高速電車準備返臺，窗外的風景飛速掠過眼前。大地震後，東京景色沒有多大變化，腦海所浮現的是一週以來所經歷的一幕幕……這不就是證嚴上人一直跟我們說的「無常」嗎？

由於福島核電廠危機遲遲無法緩和，學校也因爲限電政策延後開學一個月。回到臺灣的我，更加掛念日本的種種；每天從大愛電視和慈青夥伴的轉述得知賑災進度，但無法與大家同在，我感到很沈重、很低落。

幸好我有一對非常愛我的父母，知道我的盼望和牽掛，雖然不捨，終究還是讓我回去日本，在那櫻花盛開的四月。

飛往東京的航班上，乘客非常稀少，多是先前緊急回臺灣避難的留學生、商務人士，還有遠嫁日本的臺灣人，或者嫁到臺灣的日本人。我迫不及待想見到分會的師姑們及慈青夥伴——離開半個多月，我發現師姑們好像因為太操勞都蒼老了些，很不捨；也很高興看到許多鎮守分會的慈青雖然體重掉了幾公斤，慧命卻增長許多。

日本分會成了我們下課後必到的地點，就像充電器般，讓我們獲得持久的電力與元氣。這一季的櫻花開得非常美麗，櫻花會飄落，但是我們迫切救助災區居民的心，只會增加不會減少。

東京大學臺灣學生會於五月祭園遊會，設攤推銷臺灣本土口味的炒米粉與冬瓜茶；慈青謝玉潔拿著慈濟賑濟日本海嘯災區的海報作介紹。

（攝影／陳俐頻）

志工筆記

堅強如鑽

撰文／鄭心怡

強震後第三天，福島核電廠傳出輻射危機；在臺灣的爸爸看到新聞報導，擔心空飄輻射，提醒在東京的我盡量不要出門。他很想叫我買了機票就回家，但知道我不肯。

對於他的關心，我以一種「大驚小怪」的口氣回覆；掛下電話許久，才體會到他為人父親的心情，想想，不免自責。

臺灣的家人隨時可以和我聯繫，還收到許多人的關心，是一種幸福；即使聽到新聞報導心難平靜，我還是感到幸福，因為我還可以在這裏跟大家報平安。

比起在家獨處的不安，我更願意到分會和大家聚在一起為賑災努力。連日來整理災情資料和日誌，時間壓力很大，一開始緊張到連字都打不出來，比考試還緊張。每天都有餘震，有時也難以區分是自己太敏感或真有其事。

除了爲賑災做好各種準備，我認爲自己當下馬上可以做的，就是「齋戒」。災難沒有直接傷害到我或者身邊的人，並不代表一輩子都不會傷害我們，茹素就當作是一種祈福、一種報恩，希望可以回向給雙親，更希望今後全世界都平安無災。

災後半個月，分會志工天天兵分四路募款；災區方面，有好消息也有壞消息——好消息是受海嘯破壞的岩手縣陸前高田市開始蓋組合屋；壞消息是福島核電廠持續對反應爐灑水降溫，廢水卻有可能隨洋流漂向各處；更讓人擔心的是核電廠附近土壤被偵測出含有「鈽」，顯示爐心核燃料棒可能熔毀。

上人在三月二十九日的視訊會議中，再次提醒大家要虔誠祈禱，步步爲營。

慈青來來去去，和許多人只有幾個小時的因緣；但知道了「無常」，學會珍惜當下。守好一念心，不受外境影響；對原則與目標守之不動，是現在最需要的修行。

重新思索「想要」和「需要」

兩週來茹素，感覺自己身體毒素一直排出，連心靈的雜思雜慮都漸漸去除。

在東京都，看著照常營業的店家，下殺再下殺的價格，以及聚攏的民眾。我很贊同上人所說的「來不及」，也爲自己以往的浪費深切懺悔。

日前回家打包換洗衣物，我環顧整個房間，想像自己如果只有三分鐘可以逃難的話，該拿走哪些東西？結果發現，不需要的東西很多很多。

擔心風向、擔心地震，其實都太過狹隘；即使沒有輻射污染，電視機、電腦、手機、各種加工食品……生活中影響我們健康的危機早已經潛伏。無論身在哪裏，文明、科技和貪婪的惡果，最後還是要由全世界人們一起承擔。

核電廠危機使得東京供電吃緊，一般家庭和電車盡量不開暖氣，某些電車路線停駛改採替代路線搭乘法，不加收車錢。就算有些許不便，卻大大節省用電量。各國也針對核災提出協助的意願，連正遭受嚴重水患的泰國，也表示要捐贈火力發電設施，估計可供應四十五萬戶用電量。

每天整理日誌雖然辛苦，但看著這段期間發生很多溫馨小故事，又會獲得力量。也感恩許許多多無名英雄，在這一次大災中默默耕耘。

或許是因爲ＮＨＫ報導慈濟賑災新聞，很多日本人打開心胸接納我們這個慈善團體，出現很多生力軍。我相信只要大家齊心共善念，無處不是轉機。

四月十一日震災屆滿一個月，福島又發生強烈餘震！大家趕緊打開電視，了解是否發布海嘯警報。我原本以爲自己已經夠堅定，卻還是全身起雞皮疙瘩！是擔心、是懺悔、是無盡的心焦。

下午兩點四十六分，正是大震滿一個月的時刻，分會除了例行的祈禱，也跟著ＮＨＫ特別製作的影片默禱一分鐘。窗外下著雨，微微寒意落在身心；又聞災區下著更大的雨，我再一次哭了！期望所有的災難，到此爲止。

飄洋過海來的「情書」

住家附近的櫻花，開滿了樹梢；花信，給了新的希望也遞送勇氣。

「你有一封LOVE LETTER，是你爸爸寄來的喔！」四月十五日那天，師姑來跟我說。

大家圍繞著我，玉潔幫我念出內容，只念了一句，我就開始哭了……雖然有些難爲情，但當下覺得好開心、好幸福喔！麗香師姑抱著我，就像家人在身邊。讀完信的玉潔說，她爸爸什麼時候才會寫這種信給她呢！

我的家人，是我在這世上最重要的寶藏，感恩他們包容和支持我，還寄養生食品給我，讓我很有元氣、很放心地投入我想做的事。

四月二十日下午，我們與花蓮本會視訊討論賑災事務。上人問起慈青的現況，金發師伯一把拉我到跟前與上人對話，沒說幾句我就嘩啦啦地哭了。上人說：「心怡，你也很愛哭喔！」

隨著畢業的時間逼近，我留在日本的時間不多了，還有很多想要學習和體驗的事。上人說「有願就有力」，我會好好把握時間和機緣，不煩惱那麼多。

五月五日又收到爸爸寄來的信，爸爸生肖屬豬、我屬龍，所以他開頭就稱呼我「豬的女兒，小龍女」，內容則提到臺灣的氣候以及家人的近況。爸爸說，最近臺灣媒體極少報導日本地震災情，特別是福島核災的問題依舊讓他掛心，希望我時時注意、照顧好自己的身體。

很難得、也很奇妙，以前還在花蓮慈濟大學念書時，偶爾會給爸爸寫信，他卻沒有回過信。經過日本大震災的衝擊，我和父親的聯繫變得平實而且溫馨，不在同一個空間，卻比以往在家時更深刻、更入心。

爸爸飄洋過海寄來的一封封情書，都是我的寶物，也將是我一輩子的珍藏。

能屈能伸共體時艱

坐在前往慈濟東京會所的車上，赫然發覺已是六月了。換下冬天層層裹緊的大衣以及保暖手套、毛帽，走在路上看到的、車裏坐著的，都是短袖短褲的標準夏天衣著。

觀察著車廂內的乘客，依然沒有表情、一樣的冷靜、一樣的從容、一樣把自己打理得相當得宜有品味。

時間緩緩地、不著痕跡地流逝，快得驚人、無情得可怕。但我相信，人們對東日本大震災記憶的陣痛，無論過了多久，都一定還在。

每一次轉車都會經過池袋商圈，發現物價一直在下殺；以往很少在百貨公司外面看到臨時攤位，這兩個月或許是大地震的衝擊、買氣低了，一波波特價，感覺像是業者的掙扎，更像是民眾與自己欲望的掙扎。

一開始，走過那些攤位，我也會心動，那樣的價格在東京根本就是夢寐以求；但是我的腳步一次比一次從容地穿越販賣區一群群殺紅了眼的歐巴桑。

守住上人所說的那一念心，是我每天給自己的功課。

福島核電廠事故影響東京供電，無論是百貨公司櫥窗裝飾燈、髮廊燈光的亮度調整，或者是電車班次的縮減；到處都可以感受到日本人共體時艱以及不抱怨的國情。

我就讀的學校也實施節電措施。早先，是販賣機的照明燈全數關閉，後來是電梯節電，教室改爲自行照明系統、影印機使用省電裝置，現在連電腦教室也開始視需求開放樓層。

以前的東京，給我的感覺像是鑽石，耀眼奪目，因而不敢去碰觸；現在的東京，則像是家中的日光燈，平易近人多了。

災難發生之初，各國媒體大篇幅報導日本人的冷靜以及守規矩。我曾經就這一點詢問日本朋友，她的回答讓我相當驚訝，她說：「我本身並不喜歡日本人，因爲我覺得日本人的溝通能力以及怕事的態度，是造成國家視野狹隘的原因。我有機會希望能移民國外。」

但她接著說：「看到新聞報導後，才知道我以爲理所當然的事，其實是自己國家特殊的禮儀傳承。我開始以新的角度省視我的國家，也發現了她的美好。」

不是示弱而是感動

日本人不容易與人馬上有心靈層次的互動，多半也不輕易在人前示弱流淚；然而在慈濟見舞金發放現場，許多民眾都流下眼淚。

之所以會有這樣的轉變，日籍志工長堀克哉說，他想是因爲慈濟人讓他們感受到一種不需要言語、「單純想幫忙」的心吧！

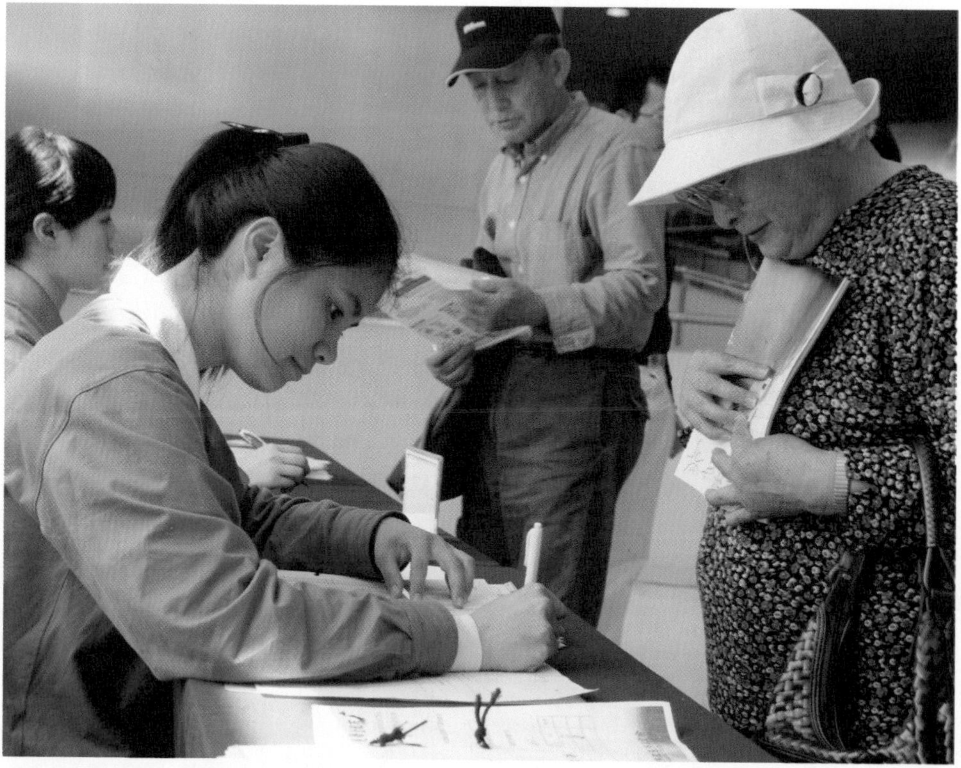

慈青們是慈濟三一一賑災初期重要後勤，鄭心怡除在第一時間協助整理災情資訊，更前往東北災區參與見舞金發放。

（攝影／古繼紅）

在釜石市發放現場，當志工團隊尚未抵達會場時，警衛會默默地依照慈濟模式，引領提早到達的民眾就座等候；他說因爲慈濟讓他很感動，下班後沒事就留下來幫忙。

看著民眾用被雨澇溼的衣袖，小心翼翼拿出罹災證明書，並以相當感謝的姿態遞送給我們確認時，心中閃過很多不捨。在確認名單時，看著一整排同姓者，有些世帶主（戶長）已經罹難，由其子女或遺孀來領取見舞金時，我都強忍住情緒，跟他們說聲抱歉，爲了確認資料，我必須在罹災證明書上塡寫原世帶主的名字並且註明已亡。我心很酸，很想再多爲他們做一些什麼。

核對資料時，也遇過直接將證明書丟在志工面前，擺出一付高姿態的人。我不感到生氣，我想這是因爲自尊、因爲傷心，所以他們以此隱藏既痛苦又矛盾的心情。這讓我感到心疼——「堅強」正是日本武士道的精神之一，我深切地感受到了。

有一位住宅全毀的釜石居民，說他有一些資產所以不需要領見舞金，只是想來多了解臺灣慈濟，也希望爲鄉親做些什麼。也有政府職員失去了母親，依舊堅守崗位、協助發放；我們也感受到他付出時的歡喜心——他一定是抱持著要使全市回復的強大心念吧！

一位志工夥伴分享，往返經過陸前高田市重災區時，看到有人在慘不忍睹的建築外翻找著物品，「像是在找尋一些過往美好的回憶，藉此給予自己希望或勇氣……」說到這裏，她哽咽了。

●

大震災滿三個月的日子，清晨五點多我在前往釜石發放的車上，看見車窗外霧色繚繞的山水美景中，一隻鴿子孤身飛過天際，我感覺到幾許哀戚。

一分鐘不到，又看見幾隻停憩在電線桿上的小鳥展翅將飛，就那麼一瞬間，想法又扭轉了——如同我始終相信東日本將會復原一樣，那展翅的姿態，不也是一種希望的象徵！

不再只是過客

撰文／梁庭暟

學期結束，我返回加拿大才兩天，日本就發生地震，家人強力阻止我回日本繼續學業，讓原本短短兩星期的假期變成兩個月漫長的等待。

這段期間，我參與溫哥華慈濟志工在大統華超市（T&T）和西門菲沙大學（Simon Fraser University）的街頭募款，和以往不同的是，我能親自向民眾解說從日本友人那得知的最新災況。

當時，曾有人質疑：慈濟眞的可以將善款親手交給日本受災民眾？於是，我詳細解說日本慈濟分會在災後所採取的賑災行動，並從手機秀出照片佐證。聽完解說後，民眾便安心把善款投入募款箱。

回到日本後，我隨慈濟賑災團前往重災區。第一場見舞金發放開始前，看到玉潔被喊上臺協助翻譯帶動民眾，我們這群慈青

梁庭暟（後排右三）等慈青遠赴東北協助發放見舞金，不只前置作業繁瑣，現場也臨機應變為居民表演手語歌。

（攝影／林炎煌）

替她感到緊張卻也與有榮焉。在臺下聽著聽著，三個月來慈濟人設法進入災區關懷的歷程，好像投影片一頁頁浮現腦海，想著：「我們總算走到這一步了」，不禁流下眼淚。

我們從最小的細節做準備，以「如何在發放中給予民眾最大的尊重、方便及隱私」爲出發點，細心規畫出不同場地的不同發放動線；考慮到日本的民族性，我們思考著如何讓他們放下防備，接納我們最誠信的愛與關懷。

慈濟不僅是第一個深入災區關懷的國外團體，也成爲日本境內第一個直接發放現金的志工團體；我們期待表現出的舉止，不只代表慈濟，也代表臺灣，更代表著全球慈濟人的愛心。對我來說，能夠將在加拿大所募得的愛心，親手轉交給日本鄉親，是一件多麼難得的事！

一位阿嬷告訴我，她看到慈濟在其他災區發放毛毯，相當感動。阿嬷的腰幾乎挺不直了，卻不停地鞠躬敬禮，我們的眼睛含著淚水，那種震撼難以言喻。

發放最後一天午後，我們走出高田小學看視受災狀況。海嘯衝到小學前面的操場停住，校舍幸運地沒有受損；但校前的住宅區全消失了，站在校門可以直接遠眺太平洋。

走入社區，扭曲變形的車子、支離破碎的房子，小孩的鞋子、玩具，還有幾本不曉得主人在哪的畢業紀念冊……一片幾乎完整的玻璃門，上面破了幾個圓形的洞，我心裏一陣顫慄——海水就是由這些洞灌進受災的建築物吧？當時，房裏的人是怎樣的絕望和恐懼……我不敢再想像。無論這些物品的主人在哪，希望他們跟親朋好友都平安。

回到東京後，我依舊會想到東北那一大片斷垣殘壁以及受災民眾的臉孔，想著我們還能爲他們做些什麼？

我在日本的身分是留學生，一直覺得只是過客，不會與這片土地有連結。然而這一次大災難後參與賑災，讓我看見大自然的威力、人生的無常，也大幅改變了我的人生觀及所追求的事物。

志工筆記

在付出中學到的事

長堀克哉口述／葉文鶯採訪

認識慈濟，是因爲曾經讀到一則新聞——一個日本人到臺灣騎單車旅遊受傷，被送到花蓮慈濟醫院後，受到志工們無微不至的關懷。這篇報導令我很感動，於是打電話到日本慈濟分會；之後參加慈濟在代代木公園的街友關懷、發放。

那是二〇一一年二月，沒多久日本就發生強震了。看見慈濟志工爲救災而忙碌，身爲日本人的我，自覺更應該付出，於是加入慈青行列。原以爲只是協助收集災情、製作簡報等文書工作，沒想到卻能獲得慈濟信任，參與見舞金發放。

我就讀杏林醫學大學二年級，課業很忙，參與賑災常要捨去睡眠時間，但我還是希望能爲東北鄉親盡一點力。

七月十四日，我隨著慈濟第二梯次賑災團到大槌町小學校致贈見舞金。災後已經四個月，大槌小學校還殘留著海嘯重創和火

杏林醫學大學二年級生長堀克哉，暫時放下沉重課業參與見舞金發放，從中開闊了自我視野。

（攝影／陳怡伶）

災的痕跡，是個令人傷痛的現場；只要看看鄉親的表情，就可以猜到他們的家人是否安在。

因爲語言相通，我被分配到關懷鄉親。他們的年紀和我的爺爺奶奶、爸爸媽媽差不多，本來心裏覺得很抱歉，讓這些大人和我這個小孩講話；但是一對一聊了三十分鐘後，有人告訴我，談過之後心裏舒坦許多。我才感到安心！

印象深刻的是，爺爺奶奶們領到見舞金時，流著眼淚說：「這輩子都忘不了這分情！」而在小學門口，失去孩子的家長每天不間斷地來換花、供水，讓我看見受災者眞正的悲痛。

我總共參加了三次見舞金發放，透過慈濟學習到很多事，這是很難得的經驗。我發現，自己的思維已與昔日不同；與其說是災難帶給我的改變，不如說是因爲參加慈濟，和很多人接觸後的體會。

在日本，一般人對於宗教信仰並不熱衷，尤其是佛教，總認爲那是人往生後才需要「鎭魂」；也導致日本人以爲佛教是一種行業。我和父母分享慈濟所做的事，他們很驚訝臺灣人如此深入地幫助日本人，也很支持我參與。

參與發放的志工，時間和金錢都很有限，他們仍選擇付出，這給我很大的鼓舞；也希望自己的一點點付出，能讓受災的人減少一點傷痛，世界也因爲有愛而多一分溫暖。

全球集福　爲日本祝福

撰文／人文真善美志工

從南非貧窮的祖魯族部落，到約旦大漠的貝都因牧民，再到菲律賓賣塑膠袋維生的小女孩……不分年齡、超越地域，無論膚色與宗教，人人將愛匯成善力，為受災受難的人帶來溫暖陽光。

日本強震後第八天，在千里之外的約旦莫阿卡（Muwaqqa）地區，貝都因村落響起陣陣《可蘭經》的吟哦聲。這群虔誠的阿拉子民，不一定知道日本位在何方，卻都虔誠地爲地震、海嘯受災民眾祝福。

這天是眾人期待的慈濟春季發放日，兩百多戶貧困民眾齊聚領取物資。受「茉莉花革命」影響，約旦境內亦爆發示威；當地慈濟人仍一如往常走入窮鄉僻壤親手遍布施，希望啓發大眾善心，帶動穩定社會的力量。

當志工手捧愛心箱到眾人面前，樸實單純的貝都因人踴躍從身上掏出銅板；一位小男孩恭敬投入第一枚銅板說「這是我的」，接著再投入第二枚說「這是我弟弟的！」

在菲律賓馬尼拉街頭，八歲的茱莉爲了幫助父母維持生計，每週末到商場販售塑膠袋。儘管生活困苦，善良的茱莉看見慈濟志工在豔陽下爲日本受災民眾募心募愛，毫不猶豫將剛賺得的五元投入愛心箱。

廣場旁邊，一群在乞討的菲律賓孩子，聽到要幫助日本，也紛紛將手中的一塊錢投入募款箱。

日本災後，全球各地有慈濟人的國度，這一分分虔誠的祝福力量不斷被啓發、凝聚；跨越膚色、種族，把愛傳遞給遠方受災的地球村子民，也齊聲爲社會祥和、天下無災而祝禱。

貧窮布施　匯聚點滴助力

祈禱平安

無論是南非的祖魯族婦女和孤兒，或是菲律賓貧鄉村民，都誠心為日本受災民眾祈禱。

（攝影／上、右：朱恆民；下：邱約翰）

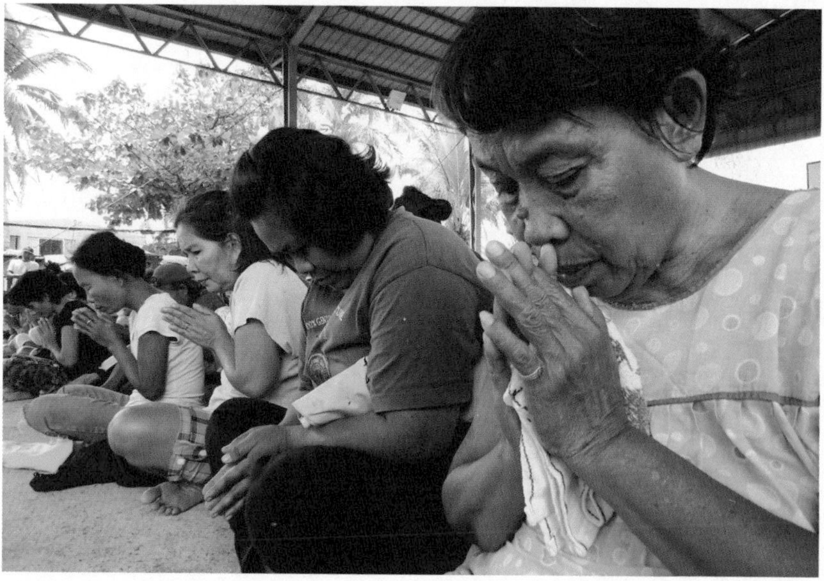

南非祖魯族慈濟志工辛西亞（Cynthia Ntuli）的家，只有一間小小廚房和臥房，屋頂多處破洞，但這不僅是她和五個孩子的生活空間，也是照顧社區愛滋孤兒的愛心廚房。

辛西亞的先生已過世，昔日她爲了生活，幫人除草、拾荒，甚至從垃圾桶翻撿廚餘回家讓孩子充飢。某日，慈濟志工前來訪視，不久即帶來許多生活物資；這群陌生人的關懷，讓她深受感動。在慈濟人鼓勵下，辛西亞主動承擔每週三天爲附近三百五十位愛滋孤兒供餐，也帶動出六位社區志工，長期照顧十二戶赤貧家庭。

辛西亞目前的生活依舊困窘，每週收入只有六十元南非幣（約新臺幣兩百五十元），但在她發願助人後，許多善緣跟著來。市集的店家會捐贈即期食材給她；鄰居知道她在做好事，經常一元、五角地支援；志工協助她在家門前開闢愛心菜園，種植高麗菜、紅蘿蔔、芋頭、洋蔥等鮮蔬，讓愛心廚房能夠維持。

這天，在供餐前的空檔，志工們架起克難的視聽器材，帶動附近居民和愛滋孤兒，爲日本大地震的受災民眾祈禱。「只要虔誠許下心願，再捐出小銅板，就能夠傳遞神奇的力量給遠方受災的人，幫助他們早日重建家園。」小小的孩子們相信這樣的道理，緊握志工提供的小銅板，虔誠投入，幾位居民也紛紛掏出口袋僅有的銅板。

一群孤兒、一群如辛西亞這樣平凡的小人物，默默關心著這個世界。

受助助人　啓動愛的循環

「兩年前凱莎娜颱風過後，別人怎麼幫我們，我們就怎麼幫助日本。雖然捐的錢不多，但包含著我們的誠心和支持！」日本災後第三天，在菲律賓馬利僅那市政府每週一次的升旗典禮中，市長德古茲曼（Del de Guzman）手捧慈濟愛心箱，鼓勵現場七百多位市府員工付出愛心。

眾人跟著志工祈禱後踴躍捐輸。德古茲曼市長說：「看到那麼多人共同付出，是一件很美的事。」副市長卡帝茲（Cadiz）則感謝慈濟讓馬利僅那成爲菲律賓第一個援助日本的城市。

六十歲的巴思沓（Pacita dela Paz）服務於市政府衛生單位，她捐出二十元菲幣：「雖然只是小小的付出，但助人讓我感覺心很開闊。我希望任何國家都不再發生災難！」

在臺灣，慈濟志工來到宜蘭孝威國小，帶領師生爲日本民眾祝福。日本強震當天，臺灣太平洋沿岸也發布海嘯警報，孩子們歷經了一場震撼教育，五年級的林佳儀說：「我家靠海，當時心很慌，幸好沒有災難。」她在「爲日本加油」的海報上寫下「一定要堅持下去」，許多同學也寫下「希望你們健健康康」、「祝福你們快快脫離災難」……字字句句都是最眞誠的祝福。

半年前梅姬颱風重創宜蘭，許多師生都有受災經驗；校長吳枝坤當時受困學校一整夜，家遭土石淹到二樓，全靠慈濟志工和國軍弟兄幫忙清掃。吳校長勉勵學生，災難愈大，愛心的力量就要愈大：「同住地球村，任何地方的災難，都和我們息息相關。」

三月二十日晚間，大愛電視臺推出「日本強震・大愛馳援・全球募心募愛」特別節目，邀請全球觀眾透過電話、網路及傳眞留言，爲日本加油打氣。包括加拿大、中國大陸、土耳其等國民眾紛紛響應，留下加油宣言、匯聚愛的力量，傳遞到受災居民的心裏。

街頭募愛　一毛錢也能救人

日本強震過後，太平洋海嘯預警中心預估，海嘯將於凌晨兩點多到達夏威夷。當地許多慈濟人一夜未眠，在海嘯警報過後，立即準備好上街募心募愛。

幾位來自美屬薩摩亞的觀光客，認出慈濟是兩年前當地遭逢水患後，前往賑災、義診的團體，主動把錢投進愛心箱裏，「這次換我們幫日本加油！」

全美慈濟人三月十三日起同步走上街頭。在長島法拉盛最熱鬧的街口，六歲的蔡苡豐以童稚口吻，清楚而有力呼喊著：「One penny counts!」告知路過的人們：「一毛錢也可以救人！」

賭城拉斯維加斯一家超市前，一位坐輪椅、雙腿截肢的男士，問明志工募款緣由後靦腆表示：「我身上沒有錢！」志工告訴他：「沒關係，您有愛心啊！請爲日本祈禱。」他深受鼓舞，告訴志工家裏還有兩塊錢，「我這就回去拿！」一位華人太太捐了一張二十七元的支票，又把皮包裏所有現金倒進募款箱。

在洛杉磯，代客停車的服務員尙恩·阿戴倫（Sean Ardalan）把當天的小費全捐出；在紐約，印度裔作家薇吉瑪（Vijima）表示，日本救難隊曾在印度洋海嘯後援助她的祖國，她也要回饋一點心意；一位穆斯林移民說，不久前才在電視上看到慈濟志工到她的祖國巴基斯坦發放，她也要以回報的心樂捐善款。

來自中國大陸、旅美數十年的愛德華，對日本大地震的慘重

加拿大志工在卑斯省本拿比市溫莎小學，發起為日本受災民衆繪製祈福卡及募款活動。來自全球各地的祝福卡，被布置在日本慈濟見舞金發放現場。

（攝影／上：施愷；下：古繼紅）

傷亡感到不捨，但是否伸援，心中卻很矛盾。原來，他的外祖母在二戰期間被日軍殺害，五歲的表哥雖逃過一劫，小小身軀卻挨了好幾刀；每思及此，他便感到痛徹心肺。然而，經過連續幾日思考，他決定放下仇恨，一大早就開車四處尋找慈濟人的蹤影，終於在超市找到募款的志工。

同樣來自中國大陸的鄭先生則在捐款後呼籲同胞：「要教導我們的下一代，與地球村民相互馳援、和平共處。」

在舊金山，一位剛從日本回來的年輕人表示他僥倖逃過一劫，將身上剩下的一萬六千日圓全部捐出。

災難啓示　加速淨化身心

在馬來西亞，科技公司老闆朱振榮主動邀請慈濟到公司帶動兩百多位員工祈禱、齋戒。

員工們看著螢幕上一張張日本災難照片，深感震撼。莫美雲說：「這是一個很好的活動，給了我們一個助人管道。我已打電話告訴家人，他們也願意一起捐助日本。」另一位員工馬慶麟則表示，要讓自己的身體比較純淨，吃素是一個好方法。

馬六甲靜思堂一場為日本祈福的晚會中，慈青胡家健對著臺下一千七百位會眾，道出自己決心改變。「以前總覺得災難離自己很遙遠，雖知道吃素很好，但總是有藉口不響應。身為機器維修工程師，需要很多體力，過去怕吃素會沒力氣，所以午餐會吃葷，只有晚餐才素食。但日本災難發生後，我決定降伏口欲。」臺下超過一千人簽署齋戒卡響應吃素。

彭芬先生分享二十八年前在餐館工作時，客人偶爾會帶活魚蝦、螃蟹來要求烹煮。「有一次我把海鮮內臟清除後，看見牠們痛苦地蠕動著，突然良心發現——牠們也有生命，萬一有一天，我也跟牠們遭受同樣命運怎麼辦？」當下他決定棄葷吃素，且為了鼓勵更多人吃素，改行開素食館。「吃素可以救地球。一個人的力量有限，需要更多人響應才有辦法挽救！」

美國志工在各地發起街頭募款。小志工高舉海報看板，盡小小力量；小朋友也在大人支持下，行善不落人後。

（攝影／左：朱澤人；上：陳在新；下：陳靈芬）

LET US
HELP JAPAN
WITH LOVE
Tzu Chi launches earthquake relief efforts—
We need your help to deliver everyone's love and kindness to Japan!
天地告急災難起 齋戒懺悔大願行
東瀛強震！大愛馳援！至誠募心！消弭災難！
Buddhist Tzu Chi Foundation
www.us.tzuchi.org
You can make a donation with (1) cash, (2) check (payable to "TZU CHI"),
(3) credit card (call 1-888-9TZUCHI), or (4) online donation at www.us.tzuchi.org

曾經名列世界第二大經濟體的日本，遭逢此次驚世災難，不僅國內經濟受重創，世界銀行預估災區得花五年時間進行重建；需要地球村的家人付出關懷，鼓舞重新奮起的力量。

災後，證嚴上人發起「天地告急災難起・齋戒懺悔大願行」，全球有三十九個國家地區的慈濟人響應並推廣；包括一年多前遭強震重創的海地，至今仍以帳棚爲家的慈濟志工丹尼爾，也感同身受日本受災民眾之苦，在當地發起募款。

多明尼加有句俗諺：「沒有人是貧窮到無法助人，也沒有人是富有到不需要任何幫助。」天災考驗下，無分貧富、無論種族和膚色，人人將大愛匯成善力，以行動給予日本受災民眾最虔誠的祝福。（撰文／袁亞棋、馬廣舜、艾莉佳、羅秀娟、羅秀蓮、廖靜雯、劉星妤、鄭茹菁、陳秋華）

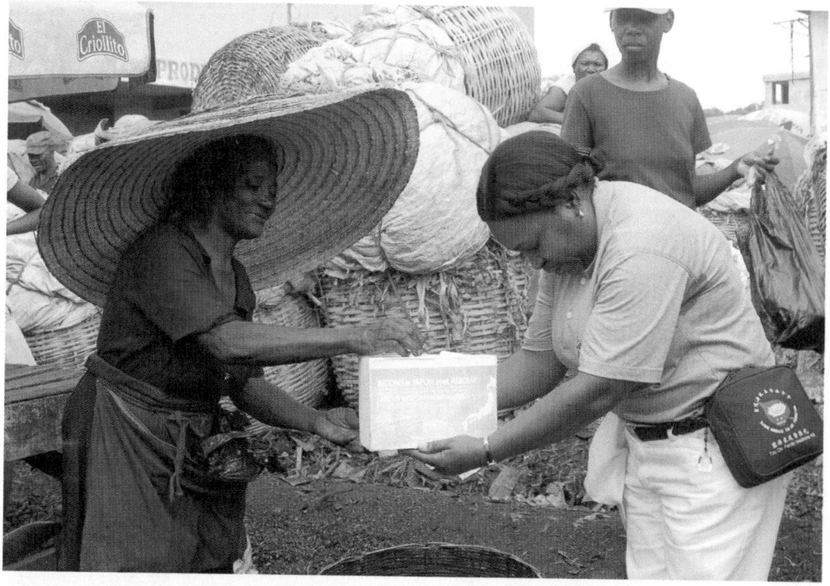

無論是否曾親歷地震或海嘯災害，海地、斯里蘭卡、馬來西亞民眾，都感同身受響應捐款。日本分會收到一封受刑人來信，附上在刑務所工作半年的所得，希望為賑災貢獻一己之力。

（攝影／上：Petit Pha Jean Denis；下：鄭心怡）

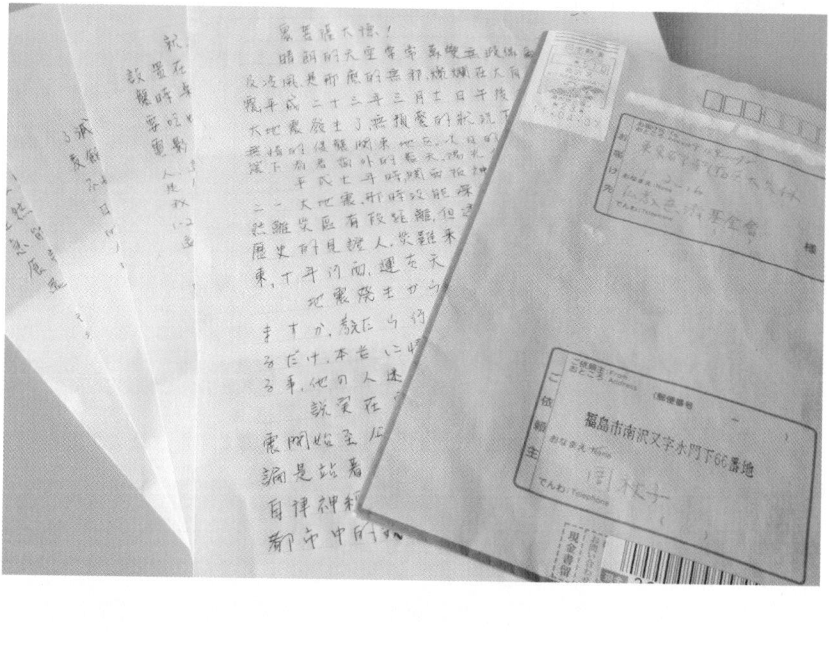

溫柔深耕二十一年──日本慈濟分會

撰文／涂心怡

「在日本做慈善，要在石頭縫裏找出口。」對社會福利制度健全的日本來說，這個形容一點都不誇張，也是日本慈濟分會二十一年來努力的寫照；即使石頭縫不過是一條細痕，志工也能用柔軟的心鑽進去。

日本人民總是以「萬萬稅」形容高昂的稅金制度。人民的薪水有近三分之一用來繳納國稅、都稅以及區稅，每一年還得額外申報個人所得稅；加總平均後，每個月拿到手的薪水幾乎只剩下一半。

高昂的稅金，帶來的是無可挑剔的社會福利制度；旅居日本數十年的林眞子爲此下了一個精闢的註解──「相當周到，老弱婦孺都找得到相應的福利措施。」

林眞子說的一點也不誇張。朋友的鄰居是一位罹患癌症的老奶奶，先生往生，兒媳又得出外工作，但她一點也不擔憂，因爲政府有專門人員前來幫忙沐浴、送飯：她也曾遇過一名帶著幼子的單親婦女，申請政府的「生活保護津貼」，每個月領取生活金外，舉凡就醫、孩子教育費用，通通由國家支付。

生活保護津貼適用對象相當廣泛，單親、殘疾或是沒有工作能力的人都可以申請。「一個月可以領十三萬九千塊。日本大學畢業生薪資平均也不過十七、八萬而已。」

如此社會條件，也難怪日本慈濟分會執行長張秀民常說：「在日本做慈善，要在石頭縫裏找出口。」

石頭縫裏找愛心出口

二十一年前——一九九一年六月，日本分會在謝富美奔走下，於東京成立。志工群裏近九成都是婦女，一群歐巴桑即使經濟不豐，多數時間還得打工維持生活，卻也滿懷熱心，想在日本社會中找尋需要幫助的暗角。但是二十一年來，暗角確實不多。

根據臺北駐日經濟文化代表處統計，目前約有五萬名臺灣人定居日本，每年進出日本約一百三十萬人次。因留學、結婚、旅遊、就醫或打工，停留期間發生急難事件難免，人生地不熟再加上語言不通，常需協助與關懷。

「我們大多只能做類似的急難救助個案，一年最多約五十例。」張秀民說。

早期慈善工作就以關心旅日僑民、慰問老人院等爲主。不過日本對於照護部分相當嚴謹，舉凡推輪椅、餵食，甚至是碰觸老人家的手，都必須有看護執照才行；而且政府每週兩次聘請外面志工來與老人同歡。「所以，我們到那裏只能關懷慰問，沒有其他用武之地。」

一九九四年，一架臺北飛日本名古屋的班機發生空難，兩百六十四人罹難。慈濟志工紛紛趕往現場，獲准進入小牧基地遺

慈濟志工定期前往群馬縣高崎市老人院關懷，礙於法規，他們不得碰觸老人，但志工們一言一語的膚慰，已超越肢體，溫暖老人孤寂的心。

（攝影／張秀民）

二〇一二年二月底東京大雪，原本棲息在代代木公園的街友，為了尋覓一方溫暖，拖著運載所有家當的推車，緩步行走在積雪之中。佝僂瑟縮的背影，透露著他們成為街友後的人生縮影——孤單。

（攝影／蕭耀華）

體停放處，陪伴哀痛逾恆的家屬認屍、協助翻譯，爲亡者念佛、化妝、更衣；同時，也到臺灣家屬下榻的各個旅館，關懷痛失親人又舉目無親的他們。這也成爲日本慈濟分會成立以來首次大型急難救助。

隔年，日本阪神大地震，六千多人罹難、二十五萬棟房屋毀損。慈濟志工即刻準備食物、毛毯、熱包、衣服、紙尿布等援助災區，探視受傷的華僑及留學生，致贈生活用品與應急金，後續並提供獎學金照顧兩岸華人留學生。

也是在這同一年，日本慈濟分會與東京都谷山區街友保護團體「山友會」合作，每星期爲街友製作飯糰，並在秋冬時協助贈送睡袋給街友。

一九八六年底，日本高張的經濟產生裂痕，隨著經濟泡沫化，進入「平成大蕭條」時期；一九八九年泡沫經濟達到最高峰，失業人口急速升高，街友的數量也愈來愈多。然而金融打擊還不只這一次，二〇〇八年受到國際金融海嘯影響，日本國民生產毛額（GDP）急速下降，是三十五年來下降最多的一年，那一年底，更多人被迫賣去家產、退去租屋，在嚴冬中尋覓一方能遮風蔽雨的角落。

二〇〇九年元旦期間，爲了協助街友在寒冬中有地方可安度新年，東京二十幾個民間團體在日比谷公園設立一處暫時安頓所「年越派遣村」，讓街友們在新年假期不僅有帳棚可住，還提供免費的飲食，吸引高達五百位街友進駐。

街友人數之多震撼日本社會，媒體大幅報導。林眞子從電視新聞看到這訊息，心想：「或許我們能爲他們做些什麼。」

慈濟志工元月四日前往探訪，看到現場善心人士捐贈的食材堆積如山；與主辦單位誠懇交涉後獲得同意，志工利用現場所餘食材，在隔天撤村時爲失業民眾準備一千份早餐。

「我們煮了一大鍋味噌湯，裏面放進滿滿的蔬菜，帶到日比谷公園去。」林眞子說，日本人愛心豐富，當時到日比谷公園關懷街友的單位相當多，「我們的熱食剩下許多，幾位街友奔相走告，就這樣輾轉介紹我們到代代木公園，那裏同樣也聚集相當多的街友。」

「街友人數太多，即使福利制度完善的日本政府也無法面面俱到。」林眞子語帶讚歎地說，當初代代木公園每一天幾乎都有慈善單位在發放飯糰與熱食，「就那麼剛好，每個月的第一與第三個星期一是空的，我們馬上就塡補了這個空缺！」行善還得卡位，林眞子說得哈哈朗笑：「只要有事情做，我們都很開心。」

傾聽街友背後故事

二月底，東京下起大雪，直到三月初仍舊嚴寒難耐。但是三月的第一個星期一，志工一早五點半就離開溫暖的被窩，開始洗米煮飯，並且熬起一桶又一桶的咖哩與味噌湯。早上九點半，十幾個女人或搬或扛將所有熱食搬上貨車。

「只有這些東西有專車服務，我們都要坐地鐵過去。」林眞

二〇一二年三月的第一個星期，即使氣溫冷冽，雨勢漸大，志工仍沒忘記與代代木公園街友的熱食之約；發放時，志工不僅加快手腳動作，也關心每個人是否吃飽、穿暖。

（攝影／蕭耀華）

子說，志工每一次發放都是乘坐地鐵前往代代木公園。

那一天東京下起雨來，志工們穿著輕便雨衣，隨著雨勢愈來愈大、地面積水不退，來到代代木公園身子幾乎溼透。但眼見不過十點半，街友已經排成長長人龍，撐著傘、縮著身體等候，大家趕緊打起精神、加快手邊速度。

街友們領取一碗份量充足的咖哩飯後，邊吃邊又走到隊伍後方，繼續排隊準備再來一碗。林眞子不捨地說，即使代代木公園最多時期不過兩百三十位街友前來食用，但志工都會準備三百份，「我們能做的，就是滿足他們的胃。」

晚上，這群婆婆媽媽有時候也會買飯糰和麵包，到池袋區役所的地下停車場關懷他們。「提供飲食不是我們唯一的工作。」林眞子表示：「心的關懷，才是關懷街友最主要的目的。」

其實這一群街友幾乎都是有家人的，只是他們離開工作的同時，也離開了家庭。」林眞子細數每一個她所知道的故事：「住在琉球的許田，曾是麵包師傅，兩個孩子都二十歲了；還有熊田，明明思念著家人，卻又不敢相見。」

前年聖誕節，林眞子與慈濟志工買了許多聖誕卡片，在信封上貼好郵票，一一分送給街友們，鼓勵他們寄回家。其中，思念孩子的熊田遲遲不敢寫下一筆一畫，「如果卡片被丟掉怎麼辦？如果孩子其實不願收到我的消息怎麼辦？」

「如果孩子很想知道你現在過得好不好呢？」在林眞子多次鼓勵下，熊田終於鼓起勇氣把卡片寄出去了。「他的孩子收到之後果然很開心，也讓他感到很欣慰。」這番欣慰，也讓熊田對於失望透頂的人生，湧出一股新的生活動力。

「還有一位曾是和食料理師傅，明明就有好手藝，工作再找一定會有，我們鼓勵了半年後，現在他終於回歸正常生活。」林眞子坦言，幾年下來，成功輔導的個案並不多，畢竟有太多現實考量，「但我們不會放棄，能夠讓人重新站起來，回歸正常的生活，是我們最大的期盼。」

街友關懷，已是目前日本慈濟分會最主要的慈善項目。

鼓舞重新站起來的力量

近年來，日本有一個新名詞——「無緣社會」，無論是與社會或是家庭，都覺得沒有緣分，活著既孤獨又疏離。

佐藤建陸談起自己過往的生活，僅以「失敗」二字爲代表。「事業失敗、婚姻失敗、人際關係失敗，都不知道自己爲什麼要活著了！」

當他被公司遣散之後，與妻女也就分開來，開始過著流浪的生活。「我以前就住在代代木公園，是這裏的BOSS呢！」話語充滿豪氣，但佐藤建陸仍不免爲那段生活透露憂傷，「紙板就是我們的房子，每天早上，我會爬出紙房子，在旁邊穿好西裝、別上領帶，一切打理好之後，再對著紙房子說：『我要出門囉！』這麼做，讓我感覺自己還是這個社會的人。」

在一些慈善團體幫助下，街友三餐不至於捱餓，天寒地凍時，部分公營單位的地下停車場也願意在員工下班後，供他們安身。偶爾，他們撿些回收物販賣，還能替自己添購一些生活必需品；街友生活，似乎沒有外界想像的狼狽。

「但是我們的內心相當寂寞。」佐藤建陸離家時，女兒還在就學。「我很想念她，卻沒臉去找她，連在學校附近偷看的勇氣都沒有。」

「成爲街友之後，對人不再存有信任，因此當有人願意貼近我們、眞心誠意對我們好時，那會是一股重新站起來的力量。」目前已經脫離街友生活的佐藤建陸表示，他能夠重新站起來，是靠政府的幫忙。

「有段期間，政府爲了整頓東京市容，不僅提供我們地方住，還幫忙找工作，每個月甚至還有三千圓零用金。就因爲這樣的一臂之力，我才決定要重新來過。」

目前佐藤建陸住在一處租來的小小房子裏，每天晚上五點到社區大樓從事打掃工作，也終於能再和女兒見面，「雖然只是每年我和她的生日各見一次面，但我已經滿足了。」

曾經身為街友，也最了解街友的內心世界，佐藤建陸肯定志工的關懷。「一餐飯，吃完就沒有了；但是一句關心的話，或是一個眞情的動作，或許都將是幫助他們重新站起來的力量。」

目前，佐藤建陸也投入街友關懷行動中，每天上工之前，他會四處蒐集工作情報，並且將這些情報提供給街友們。如今，他已經成功協助五百個人回到工作崗位上。「這些人或許很難再回到家庭，但至少工作的成就感，會掃去他們曾經失敗的陰影。」

●

在完備的社會福利制度下，慈濟志工在日本的任務並不多，但是忙起來的時候，單憑這群娘子軍也常常不夠支撐——單親媽媽要為生活打拚，時間總是卡在工作上，僅有的是夜間以及難得的排休；而有家庭的婦女，則要受制於家人的觀感，「有些人是利用先生、孩子出門後才來做志工，下午兩、三點又得趕在先生、孩子返家前先回到家。」

除了代代木公園的熱食發放之外，日本慈濟志工與山友會的合作仍持續著，在每個月的第四個星期四致贈飯糰給街友。光是前置作業就是一大工程，數十位志工在發放前一天下班後聚集在分會洗米，一千兩百份飯糰的米量，要洗到深夜十一、二點甚至凌晨才能結束，隔天更是起早煮飯、捏製。

二十一年來，日本分會就是這樣走過來的；人少卻想做事，事情來了，大家這邊抽一點時間、那邊抽一點空，一起承擔。

二〇〇四年十月，新潟中越地區發生芮氏規模六點八地震，三十九人喪生、兩千六百人受傷。志工備妥毛毯、飲水與食物前往避難所發放，並連續多日爲受災民眾烹煮熱食。二〇〇七年，當地再度發生強震，志工同樣深入災區，供應受災民眾熱食。

二〇一一年東日本大震災之後，不少人用光職務上的積假，並向家人又是撒嬌又是道歉，才得以有連續半年時間，不間斷地

二〇〇七年七月十六日，新潟縣發生強震，造成一萬多棟房屋損毀；志工立即備妥物資，前往受災最嚴重的柏崎市南部交流中心避難所，連續多日為受災民眾烹煮熱食。

（攝影／林真子）

前往東北進行發放與關懷行動。即使如此，他們依舊樂此不疲。

志工張秀民開懷地說：「我們雖然是臺灣人，但是來日本工作生活多年，吃的是日本的米飯、取的是日本的資源，未來我們會繼續努力，只要日本社會有人需要我們，我們就不會離去。」

張秀民語氣中的肯定，讓人相信，即使石頭縫不過是一條細痕，他們也能用柔軟的心鑽進去吧！

附錄一

「東日本大震災」慈濟賑災大事紀

3月11日

・日本時間14點46分（臺灣時間13點46分），宮城縣外海發生芮氏規模九點零強震，引發大海嘯，重創東北地區宮城、岩手、福島三縣，福島核電廠發生輻射洩漏事故；東京地鐵停駛、國際機場關閉。

・花蓮慈濟本會在一個小時後，成立賑災總指揮中心，位於東京新宿的日本慈濟分會成立賑災協調中心。晚間開放會所提供徒步返家人潮休息，並提供網路讓民眾與家人聯絡報平安；另有兩位遠途受困者留宿，及五位臺灣旅客請求援助。

3月12日

・證嚴上人致函全球慈濟人，發起「天地告急災難起・齋戒懺悔大願行」運動，希望人人募集愛心，協助日本度過世紀災難；並推動素食，尊重生命且愛護地球。共有三十九個國家地區慈濟人響應。

3月13日

・提供赴災區支援的臺灣救難隊翻譯服務。

・針對滯留日本的臺灣旅客，或聯絡不到旅日親人的臺灣家屬，提供協尋服務。

3月14日

・慈濟首批賑災物資包括五千條毛毯、四百箱香積飯及一百箱堅果，從臺灣空運至東京。

3月15日

・九位慈濟志工赴茨城縣大洗町勘災。

3月16～17日

・於茨城縣大洗町煮熱食，提供受災民眾一千八百份咖哩飯、炒米粉、麻婆豆腐飯、味噌湯。

3月17日

・慈濟第二批賑災物資包括香積飯、衛生衣、環保毛毯、披肩、堅果、發放袋、環保碗筷及口罩等，從臺灣空運至東京。

3月19日

・日本政府發動全國各縣市提供臨時住處或收容中心安置災區民眾，展開長期安頓計畫。慈濟志工分赴各收容所調查所需，同時整備物資、集結人力，以進行後續援助。

3月20日

・大愛電視臺推出「日本強震・大愛馳援・全球募心募愛」特別節目，邀請全球民眾透過電話、網路及傳真留言，為日本受災民眾加油。

3月22日
· 慈濟第三批賑災物資從臺灣空運至東京。

3月23日
· 五位臺灣慈濟先遣人員前往日本，並隨機運送第四批賑災物資。

3月25~27日
· 於重災區岩手縣大船渡市、陸前高田市十三處避難所，致贈香積飯、毛毯、衛生衣等生活物資，嘉惠六千零一十二人。

3月31日~4月2日
· 前往岩手縣釜石市、宮城縣氣仙沼市、南三陸町及石卷市勘災。

4月17日
· 日本政府將不宜居住地區的民眾，安置到東京及各縣市避難所，慈濟志工前往山梨縣武道館避難所關懷，致贈生活物資袋，另針對來自福島的臺灣民眾高淑華一家四口，致贈二十萬日圓見舞金。

4月18日
· 前往宮城縣氣仙沼市和岩手縣陸前高田市，了解避難所現況及組合屋建設進度，作為後續援助參考。

4月25日
· 前往岩手縣大船渡市、陸前高田市、釜石市拜會官員，協商援助事宜。

4月26日
· 拜會玉置公良議員、日本環境大臣兼任內閣特任防災大臣松本龍等人，介紹慈濟國際賑災經驗及環保毛毯等賑災物品，期待協助慈濟赴東北展開賑災。

4月27日
・前往埼玉縣騎西高校避難所，關懷由福島縣雙葉町前來避難者，致贈一千兩百六十二人生活物資。

5月14日
・拜訪岩手縣釜石市、陸前高田市市長，討論致贈見舞金事宜；前往唐丹中小學、鵜住居中小學及幼稚園重建預定地，評估學校援建。

5月31日、6月1～2日
・連續三天召開見舞金發放籌備會，並勘察東北發放地點、動線安排等事宜。

6月9～12日
・第一梯次賑災發放團前往岩手縣釜石市、陸前高田市致贈見舞金，嘉惠六千六百九十二戶。

6月28日
・前往山梨縣笛吹市關懷因核災前來避難的福島縣居民，致贈六十戶香積飯及見舞金。

7月16～18日
・第二梯次賑災發放團前往岩手縣山田町、大槌町、釜石市、陸前高田市致贈見舞金，嘉惠六千四百八十二戶。

7月22～23日
・致贈見舞金予避難至東京的釜石市、陸前高田市及大槌町鄉親，嘉惠四十六戶。

7月29～31日
・第三梯次賑災發放團前往宮城縣氣仙沼市致贈見舞

金，嘉惠七千七百五十六戶。

8月4日	・針對三十二戶避難至各縣市的陸前高田市、釜石市受災民眾，以郵寄方式致贈見舞金。
8月11日	・於宮城縣女川町臨時區役所，轉贈一百萬港幣予佐籐太太；該筆金額由中國大陸任先生捐贈，感念勇救數名中國籍實習生而不幸罹難的佐籐先生。
8月22日	・前往栃木縣佐野市、群馬縣太田市、桐生市等綜合福祉中心，致贈兩百五十七戶見舞金和香積飯，予因核災前來避難的福島縣居民。
8月27～29日	・第四梯次賑災發放團於岩手縣大船渡市、大槌町、山田町，及宮城縣南三陸町，致贈六千四百五十六戶見舞金；29日與釜石市簽訂合作計畫書，援助該市十八所學校學童營養午餐及校車交通費用。
9月10～12日	・第五梯次賑災發放團於宮城縣東松島市、女川町，致贈一萬兩千一百一十八戶見舞金。
9月23～25日	・第六梯次賑災發放團於岩手縣宮古市、洋野町、久慈市、野田村、田野畑村、岩泉町，致贈

五千一百四十二戶見舞金和香積飯。

10月20～24日

・第七梯次賑災發放團於宮城縣石巻市、名取市致贈見舞金，並在東松島市、女川町、氣仙沼市與岩手縣大船渡市進行補發作業；總計三萬三千三百五十二戶，為發放規模最大的一次。

11月3日

・針對避難至東京的宮城縣氣仙沼市、南三陸町、女川町、東松島市，以及岩手縣大船渡市、大槌町、山田町等鄉親，致贈見舞金共十九戶。

11月9～11日

・第八梯次賑災發放團於宮城縣多賀城市、塩竈市，致贈七千五百四十三戶見舞金。

11月25～27日

・第九梯次賑災發放團於宮城縣七ヶ浜町、利府町、松島町、亘理町、山元町及石巻市，致贈九千二百二十七戶見舞金。

12月3～4日

・第十梯次賑災發放團於福島縣相馬市、宮城縣山元町，致贈一千五百九十四戶見舞金。

12月16～18日

・於岩手縣遠野市與宮城縣氣仙沼市、東松島市、石卷市四地，舉辦四場「復興祈福會」，近千位受災民眾參與。

災後第三天，慈濟首批賑災物資，由外交部專機協助運抵日本；第二、三批物資，由長榮航空免費運送。物資送達東京慈濟分會後，志工動員卸貨。

（攝影／黃世澤）

「東日本大震災」慈濟援助項目統計

援助項目	日期	援助金額
熱食與生活物資（包含環保毛毯 環保披肩、環保毛巾 保暖衣、防寒手套 環保餐具、N95口罩 福慧珍粥、香積飯 五穀粉、堅果、薏豆粉等）	2011年3月16日～2011年9月24日	3,537萬7,639元（新臺幣）
岩手縣釜石市營養午餐補助	2011年8月18日～2012年3月31日	8,362萬1,082日圓
岩手縣釜石市校車巴士補助	2011年6月1日～9月30日	2,625萬750日圓
住宅被害見舞金	2011年6月9日～2012年3月	50億1,541萬日圓
志工動員	**3月16日～12月4日**	**4,283人次**

・統計日期：**2012年2月29日**止

・資料來源：佛教慈濟基金會

附錄三

日本慈濟志業大事紀

一九九一・6月，日本慈濟分會成立，初期以關心旅日僑民、慰問老人院等為主。

一九九二・11月，《日本慈濟世界》雙月刊創刊。

一九九四・4月，臺灣飛名古屋班機發生空難，二百六十四人罹難。東京、大阪、橫濱慈濟人趕往現場，陪伴家屬認屍、協助翻譯，同時為亡者念佛、化妝、更衣，並到家屬下榻的各個旅館關懷。

一九九五・1月，阪神大地震，六千四百三十人罹難，二十五萬棟房屋毀損。慈濟志工援助災區食物、衣物與生活用品，並探視受傷的華僑及留學生，致贈生活用品與應急金，後續並提供獎學金照顧兩岸華人留學生。

・3月，加入東京都谷山區街友保護團體「山友會」關懷街友行列，每星期前往製作飯糰等，並在秋冬時協助贈送睡袋給街友。

二〇〇一・6月，首次義診在福井縣舉行。

二〇〇四・10月，新潟中越地區發生芮氏規模六點八地震，三十九人喪生、二千六百人受傷，慈濟志工備妥毛毯、飲水與食物，進入十日町的體育館及飛渡小學發放；連續四天前往新潟小千谷市木津團地，為受災民眾烹煮熱食。

二〇〇六・1月，首次自辦街友熱食發放。

二〇〇七・7月，新潟中越地區發生芮氏規模六點八地震，造成近千人受傷；志工進入重災區柏崎市，煮熱食膚慰災民。

二〇〇九・1月，前往東京日比谷公園，參與「年越派遣村（失業者過年村）」志工服務，為受到全球金融風暴衝擊而暫時棲身在此的失業者烹煮熱食，及贈送生活日用品。

二〇一一・3月，東北地方三陸海域發生芮氏規模九點零強震，引發大海嘯，造成「地震、海嘯、大火、核災」複合式災難，死亡和失蹤超過一萬九千人。慈濟志工在東北最重災區岩手、宮城及福島三縣，展開長達九個月的賑災行動，關懷援助超過十萬戶家庭。

地球村系列001．日本

走過311 重新定義幸福 上

撰　　文／葉文鶯、凃心怡、李委煌等
攝　　影／蕭耀華、林炎煌、黃世澤等

創 辦 人／釋證嚴
發 行 人／王端正
總 編 輯／王慧萍
主　　編／陳玫君
採訪召集人／呂祥芳
編　　輯／涂慶鐘
日文翻譯／日本慈濟分會志工、慈濟日文組志工
校對志工／張勝美、李秀娟
美術編輯／林家琪
出 版 者／慈濟傳播人文志業基金會
　　　　中文期刊部
地　　址／11259臺北市北投區立德路2號
編輯部電話／02-28989000分機2065
客服專線／02-28989991
傳真專線／02-28989993
劃撥帳號／19924552　　戶名／經典雜誌
製版印刷／新豪華製版印刷股份有限公司
經 銷 商／聯合發行股份有限公司
　　　　23145新北市新店區寶橋路235巷6弄6號2樓
電　　話／02-29178022
出版日期／2012年3月初版一刷
　　　　2012年6月初版二刷
定　　價／全套新臺幣500元（不分售）

國家圖書館出版品預行編目（CIP）資料

走過311　重新定義幸福／葉文鶯等撰文；王慧萍總編輯
—初版.—臺北市：慈濟傳播人文志業基金會，2012.03
2冊，632面；15×21公分—（地球村系列；1）
ISBN 978-986-6644-65-8（全套，平裝）
1.震災　2.賑災　3.文集　4.日本
548.31707　　　　101004664